August Silberstein

Trutz-Nachtigal: Lieder aus deutschem Walde

August Silberstein

Trutz-Nachtigal: Lieder aus deutschem Walde

ISBN/EAN: 9783743342507

Hergestellt in Europa, USA, Kanada, Australien, Japan

Cover: Foto ©Thomas Meinert / pixelio.de

Manufactured and distributed by brebook publishing software (www.brebook.com)

August Silberstein

Trutz-Nachtigal: Lieder aus deutschem Walde

Trutz-Nachtigal.

Lieder aus deutschem Walde

von

August Silberstein.

Dritte vermehrte Auflage.

Leipzig,

> Ein sonders Vögelein,
> So seinen Sang vollbringet
> Bey Mon vndt Sonnenschein.
> Trutz-Nachtigal mit Nahmen
> Es nunmehr wird genant,
> Vndt vielen Wildt vndt Zahmen
> Obsieger vnbekant.
>
> Frdr. Spee 1649.

> So wollen wir (drei Länder auch) zu Schutz
> Und Trutz zusammenstehn auf Tod und Leben!
>
> Stauffacher in Schillers Tell.

Es war im Jahre 1859, als ein großer Theil dieser Lieder zum erstenmale in die Welt zog, bald auch zum zweitenmale. Damals regte sich Preußen und mit ihm Deutschland, um das Schwert zu blößen gegen Frankreich, welches sich durch Italien zu Tyrol und auch anderen Landen heranwälzte, wo sonst die deutsche Reichsfahne flatterte. Oesterreich schloß rascher Frieden. — Vor den Gesängen stand auch der alte Volksspruch:

„Vermerk's und halt's bereit
Es kommet seine Zeit!"

Was der Dichter schon damals, sodann später, in seinem Buche „Lieder" (1864), in „Mein Herz in Liebern" (1868) vom Vaterlande sang, es gewinnt erneuetes Leben, verstärkte Kraft in der Zeit, da das Große eingetroffen: fast alle deutsche Stämme vereint — gegen den

Erbfeind ziehend, schlagend, siegend! — Des Dichters Sang gewinnt wie in „Noch einmal" und anderwärts die Weihe der Verkündung. Nur die Liebe zum Vaterlande, zu Recht und Freiheit, vermochte das. — Erschalle nun neuerdings der Sang! Vieles daraus zieht bereits auf den Schwingen der Musik dahin. Möge er die Herzen kräftigen, trösten, erheben, begeisternd durchbringen" — meinem Volke ein Vermächtniß bleiben!

August Silberstein.

Die schönste Liebe.

Die schönste Liebe, die dein eigen
In dieser ganzen Erdenfrist,
Mit der dir Gott will Gunst erzeigen,
So lang' noch Odem in dir ist,
Die ewig jung im Fortbestand:
Die treue Lieb' zum Vaterland!

Wol magst du Frauengunst erwerben
Und sonnen dich in ihrem Schein,
Doch gilt's im Leben und im Sterben
Dem höchsten Ziele sich zu weihn;
Und nie ein Herz noch höhres fand:
Als treue Lieb' zum Vaterland!

All' was du liebst, wird bald vergehen,
Es wechseln Schönheit und Gestalt;
Die süße Heimat wird bestehen
In ihres Zaubers Allgewalt;
Dich segnet überm Grabesrand:
Die treue Lieb' zum Vaterland!

Germania.

Germania, du Haupt voll Blut und Wunden,
Wann, o wann wirst du gesunden,
Wann denn ist der Retter dir gefunden,
Wann wird, statt dem Dornenkranze,
Schmücken dich die Kron' im Glanze,
Wann wol stehest du so herrlich da?
Germania!

O Mutter du von Schmerzens-Söhnen,
Wann seh'n wir den Tag, den schönen,
Wo die Starken milde sich versöhnen,
Wo sie Brust an Brust sich halten,
Eins gen feindliche Gewalten,
Von dem Belte bis zur Adria?
Germania!

O woll't Gebet und Wort nicht enden,
Nicht das Schwert zur Scheide senden,
Bis mit allen Herzen, allen Händen,
Ist das Eine Werk gegründet,
Ist der große Bund verbündet,
Wie den schönern nicht die Welt noch sah —
Germania!

Dies ist der Tag der Ehre.

Dies ist der Tag der Ehre
Der über Deutschland scheinet,
Als Sieger ziehn die Heere,
Die Herzen sind vereinet.

Das hat uns Gott gar wohl bestellt,
Er sendet uns den Feind ins Feld,
Daß alle List gar arg zerschellt!

Sei stark mein Volk und zage
Mit keinem Augenblicke,
Im Bund der Treue wage
Gen alle Feindestücke.
Du bist vom Herren ausersehn
Im Reiche groß und frei zu stehn,
Drum sollst du muthig vorwärts gehn!

Was deine Männer wollen
Und deine Frauen beten:
Im Ruhmeskranz, dem vollen,
Kannst vor die Welt du treten.
Bewahr' dein Recht, behalt' die Ehr',
Die gute Sitt', die treue Wehr,
Sei eins und frei — du brauchst nicht mehr!

Sängertod.

„Noch einmal eh' ich sterbe
Möcht' ich ein Sänger sein,
Ein Sänger, Held und Erbe
Vom alten Ruhmes-Schein.
Noch einmal möcht' ich blinken
In Schlachten mit Harf' und Schwert,
Und muß es sein, dann sinken,
Im Blut, doch siegend, zur Erd'!

Trutz-Nachtigal.

Wol ist es schön zu leben
Bei seinem Volk in Ehr',
Und ihm das Herz zu heben
Zu Allem, was recht und hehr;
Doch schöner noch ist sterben
Zu seinem Schutz in Noth,
Singend und schlagend werben
Um ächten Sängertod!"

Und als so spricht der Skalde,
Was regt sich am fernen Rain?
Es rauscht wie Reiter im Walde,
Es blitzt wie Waffenschein!
Da zuckt das Schwert, das scharfe,
Er flammend blank und bloß,
Und von der bebenden Harfe
Ein Sturmlied dröhnet los:

„Mein Volk, mein Volk, nun hebe
Dich Sturm und Wetter gleich,
Aus Zorneswolken schwebe
Des Donners Flammenstreich!
Verbirb die dich umlauern,
Vernicht' das alte Leid,
Sonst wirst du's tief betrauern
Für alle Ewigkeit!"

Und wie vom Pfeil die Spitze,
So bringt der Sänger voraus,
Und hinterdrein, wie Blitze,
Das Volk mit Sturmgebraus.

Vom Schlag und Klang erbeben
So Harf' wie Schwert, bedroht —
Die eine Hand gibt Leben,
Die andre gibt den Tod!

Und als die Schlacht geschlagen
Und Jubel die Luft durchkreist,
Sucht man mit Bangen und Zagen
Den edlen Sänger zumeist. —
Sie stürzen hin mit Thränen
Wol über die rothe Brust —
Ihn aber will verschönen
Ein Lächeln höh'rer Lust!

„Noch einmal eh' ich sterbe
Wollt' ich ein Sänger sein,
Ein Sänger, Held und Erbe
Vom alten Ruhmes-Schein.
Noch einmal wollt' ich blinken
In Schlachten mit Harf' und Schwert,
Und müßt es sein, dann sinken
Im Blut, doch siegend zur Erd'!

Nun ging der Leib in Trümmer,
Der Sieg doch strahlt und glüht —
Fortleben werd' ich immer
In meines Volkes Lied! —
Wolan, so woll't mich tragen
Zur Eich' am Stromesrand,
Dort will ich noch einmal schlagen
Die Harf' mit sterbender Hand!" —

Und wie er sitzt am Baume,
Da stimmt er an den Sang,
Man höret nur im Traume
Solch wunderbaren Klang.
Das Schwert liegt ihm zur Seiten,
So Brust wie Harfe quillt —
Man glaubt: aus Sagenzeiten
Ein überirdisch Bild!

Die Männer jauchzen und weinen,
Der Strom, der rauscht dazu —
Das Abendsonnenscheinen
Gehet zu tiefster Ruh'.
Die Saiten sind zersprungen
Beim letzten Strahl vom Roth —
Das Lied hat ausgeklungen —
Ein ächter Sängertod!

Das hohe Lied.

Und hätt' ich tausend Zungen,
Und wären alle Stimmen mein,
Es sollt' die Welt durchdrungen
Von Einem Liebe sein:
    Dem Vaterland im Streben,
    Dem Wackern in der Noth,
    Vereiniget im Leben,
    Verbündet bis zum Tod!

Was nützen alle Sterne,
Der Sonn' und Monde Licht,
Wenn nicht aus Himmelsferne
Die Schrift ganz deutlich spricht:
  Dem Vaterland im Streben,
  Dem Wackern in der Noth,
  Vereiniget im Leben,
  Verbündet bis zum Tod!

Der Blitz, der zuckt hernieder,
Der Donner grollend drein —
Der Sinn der hohen Lieder
Was kann er anders sein:
  Dem Vaterland im Streben,
  Dem Wackern in der Noth,
  Vereiniget im Leben,
  Verbündet bis zum Tod!

Laß stürzen was zerstürzet,
Und steigen was da mag,
Ich sing' doch unverkürzet
Mein Lied in Nacht und Tag:
  Dem Vaterland im Streben,
  Dem Wackern in der Noth,
  Vereiniget im Leben,
  Verbündet bis zum Tod!

Und hätt' ich tausend Leben,
Und wären alle Echo mein,
Ich wollt' das Lied erheben
Ob Berg und Thal und Rain:

Dem Vaterland im Streben,
Dem Wackern in der Noth,
Vereiniget im Leben,
Verbündet bis zum Tod!

So schlag empor du Freiheitsbrand.

So schlag empor du Freiheitsbrand,
So lobre hell durch alle Gauen,
Erweck' das ganze deutsche Land,
Den deutschen Mann, die deutschen Frauen.
Wo noch ein kräft'ger Arm sich streckt,
Vom deutschen Himmel überdeckt,
Da sei der Kampf geweckt!

Das stolze Banner hoch voran,
Es flattre hehr als Bundeszeichen,
Und stürmend vorwärts Mann für Mann,
Wir können sterben, doch nicht weichen.
Erhebet euch, so Jung wie Alt,
Und zeiget ächten Muth's Gewalt,
Denn so noch nie es galt!

Verschließt der Lust so Aug wie Ohr,
Verrammt der Freude eure Herzen,
Nicht blick' das Weib zum Mann empor,
Nicht mög' mit Jung das Alter scherzen,
Bis nicht der letzte Scherg' bekriegt,
Bis unser Recht nicht ganz gesiegt,
Der Feind zu Boden liegt!

Ein Fluch auf Den, der nun nicht wacht,
Bei dem der laute Ruf verschwendet,
Wer dulden will des Feindes Macht
Und alle Schmach nicht endet.
Es ruft der Himmel: jetzt oder nie,
Vorwärts mein wack'res Deutschland zieh',
Zerbrich die Tyrannie!

Nicht schalle leerer Sing und Sang,
Kein Deutscher denk' an fröhlich Zechen,
Musik sei blos der Waffen Klang,
Das Schwelgen nur im Lanzenbrechen.
Fürwahr das Sündenmaß ist voll
Und überschäumet unser Groll,
Der sie nun zücht'gen soll!

So reget euch in Nah und Weit,
Was immer Waffen kann ertragen,
So heilig war ja nie ein Streit,
Und menschlich doch ein blutig Schlagen.
Das ist das herrlichste Gebet,
Wenn man in Freiheitsschlachten steht,
Siegt oder untergeht!

Wer zweifelt noch am rechten Sieg,
Verzaget an des Werk's Gelingen,
Beginnet mannhaft nur den Krieg
Und baldigst werdet ihr's vollbringen.
Denn wer gethan, was er gesollt,
Dem ist das Glück mit Rechten hold,
Befreiung heißt der Sold!

Dann blühet holder jeder Baum,
Und Frieden lächeln alle Sonnen,
Zur Wahrheit wird der liebste Traum,
Im Vaterlande neu gewonnen.
O neue Zeit, so herrlich schön,
Wenn Brüder frei und einig gehn,
Wie nie die Welt gesehn!

Drum lodre Brand so licht und hell,
Durchstrahl' die Welt gleich einer Sonne,
Ein jeder Mann ein Kampfgesell,
Und trete in die Sturmcolonne.
Dann geht's im frischen kühnen Lauf,
Die Zwingherrn stürzen hin zu Hauf,
Ha Deutschland auf! wach auf!

Der König im Sterben.

Ein König lag im Sterben
Auf seinem Siechenbett,
Da kamen seine Erben,
Ob er nicht Segen hätt.

„Den Segen hab ich nimmer,
Doch wol noch einen Fluch,
Und diesen sprech' ich immer,
Selbst auf dem Sterbetuch!

Er trifft fürerst, wer stehet
Gerechtem nicht zur Seit',

Wer heil'ges Recht je schmähet,
Nicht Herz und Hand ihm weiht!

Er trifft fürs Zweit', wer lasset
Von ernster Freiheits=Schlacht,
Und Waff' und Wehr nicht fasset,
Gen jede Räubermacht!

Doch dreimal will ich fluchen,
Wer je für Gutes steht
Und stets mit halben Versuchen
Das Ganze arg verräth!

Wer übt auf seinen Wegen,
Wie jetzt ich ihn gelehrt,
Bedarf nicht erst den Segen,
Weil längst er ihm gehört!"

Die Söhne sprachen: Amen,
Wir halten Dein Gebot!
Den letzten Kuß sie nahmen,
Drauf war der König todt. —

Noch Einmal.

Noch Einmal mein Deutschland, erhebe dich
Und schlage deine Feinde in Trümmer!
Das Zögern und Säumen es rächet sich —
Doch du vollbring' es diesmal für immer!

Was muthig du bisher gethan,
Nur halb verblieb's zu vollem Glanze —
Nun aber auf! ein Volk ein Mann —
Nichts Halbes mehr — das Ganze, Ganze!

Nicht schüttle von dem Baum die Frucht,
Willst du dem Gift der Früchte wehren,
Den Baum zerschmett're nun mit Wucht,
Den Baum, den Baum mußt du zerstören!

Man hat sie dir doch beigebracht
Die herbe, bitt're Schul' der Leiden —
Nun bist du noch nicht klug gemacht
Und willst die Schule noch nicht meiden?

Wolan mein Volk, erheb' die Faust,
Und gehe an ein wetternd Richten —
All' Böses, das dir feindlich haust,
Mußt du mit kräft'gem Schlag vernichten!

Nicht schon' ein Glied vom gift'gen Wurm,
Ein jedes mußt in Staub du drücken —
Denn sonst erwachsen nach dem Sturm
Dir tausend neu, aus alten Stücken!

Kein still Vertrau'n, nicht Wort, noch Schein —
Du würdest nur schwarze Täuschung buchen; —
Erheb' dein Aug' zum Todtenhain,
Nun möchtest du es wieder versuchen?

Noch Einmal mein Deutschland erhebe dich
Und schlage deine Feinde in Trümmer —
Es käm' viel Leid und Weh über dich,
Vollbringest du's nicht diesmal für immer!

Germanenzug.

Germanen durchschreiten des Urwaldes Nacht,
Sie ziehen zum Kampfe, zu heiliger Schlacht.
Es stehen die Eichen in düsterem Kreis
Und rauschen so bang' und flüstern so leis,
Als sollte der Krieger gewaltigen Schwarm
Durchdringen die Ahnung, erfassen der Harm!

Sie aber, sie wandeln urkräftigen Tritt's,
So nahet der Donner, so zündet der Blitz!
Und aus des Gezweiges wilddüsterem Hang,
Da wird es jetzt lauter, da tönt ein Gesang,
Denn der Walkyren bewachend Geleit
Umschwebet die Helden und singet vom Streit:

In Odin's Hallen ist es licht
Und fern von Erdenpein,
Aus Freya's Wonnestrahlen bricht
Die Seligkeit herein.
Solgofnir ruft den gold'nen Tag
Und Braga's Harfe klingt,
Mit Schwerterschlag
Und im Gelag
Die süße Zeit entschwingt!

In Odin's Hallen ist es licht
Und fern von Erdenpein,
Wer muthig für das Höchste ficht,
Der geht zu Göttern ein!
O Liebe ist's, die uns bezwingt
Zu künden das Geschick,

Der Kampf nun winkt,
Ihr Alle sinkt
Und Keiner kehrt zurück!

Da schlagen die Krieger mit tapf'rer Gewalt
Die Schwerter zum Schild, daß es hallt und erschallt:
„Und soll denn dies Schreiten das letzte auch sein,
So wollen wir gerne dem Tode uns weihn;
Doch möge aus diesem so muthigen Ziehn
Der Segen der Heimat, das Siegen erblühn!

Teutonia's Söhne, mit freudigem Muth,
Sie geben so gerne ihr Leben und Blut,
Die Freiheit, die Heimat ja ewig bestehn,
Die flüchtigen Güter sie mögen vergehn!"
So riefen die Krieger, so zogen sie fort,
Gesegnet ihr Thun und bewahret ihr Wort!

Gruß an die Heimat.

Es brauft das Meer und rollet ans Land
Die Wogen mit Zischen und Schäumen —
Da steht ein Deutscher am Neuwelt-Strand
Das Herz voll Sehnen und Träumen.
Er hebt das Auge zum Osten empor,
Als sollt' es die Weite durchdringen,
Dann ringt sich ein Seufzer dem Busen hervor,
Mich däucht, ich höre ein Singen:
  Ein süßer Zauber wird wach,
  Gedenk' ich mein Vaterland dein —

Was bist du nicht — und ach,
Was könntest du erst sein!

Frei ist dies Land, in Fülle trägt
Es Palmen, Myrt' und Bananen;
Selbst Schätze, die der Boden hegt,
Müssen an Märchen gemahnen.
Die Ernten segnen üppigst die Müh,
Ringsum nur Duft und Schimmer —
Und dennoch — es kommt, ich weiß nicht wie —
Die Heimat vergesse ich nimmer.
 Ein süßer Zauber wird wach,
 Gedenk' ich mein Vaterland dein —
 Was bist du nicht — und ach,
 Was könntest du erst sein!

Du altes Land, du deutsches Land,
Des Geistes hohe Zinne,
O hieltest du höher dein Auge gewandt,
Zu deines Ruhmes Gewinne.
So groß wie du, so herrlich und schön,
Mit deinen Millionen —
Du solltest nicht blos mit Andern gehn,
Nein, stolz vor Allen thronen!
 Ein süßer Zauber wird wach,
 Gedenk' ich mein Vaterland dein —
 Was bist du nicht — und ach,
 Was könntest du erst sein!

Das Meer ist dein, nach Süd und Nord
Erstreckst du die mächtigen Flanken,

Dein Boden ist ein reicher Hort,
Dein Ruhm so That wie Gedanken.
Und dennoch such' ich die Flagg' am Mast
Und zähle die dich verlassen —
Es will sich mir im Auge fast
Der Schmerz zu Thränen fassen.
  Ein süßer Zauber wird wach,
  Gedenk' ich mein Vaterland dein —
  Was bist du nicht — und ach,
  Was könntest du erst sein!

Wie ich, so zogen viel Tausend' hinaus
Von dir in ferne Meere,
Es ziert und stärket der Anderen Haus,
Was sonst dein eigen wäre.
O siehe zum Bremer Haff nur hin —
Welch emsig und rührend Treiben!
Dein sind die Söhne und Töchter, die ziehn
Ein einzig Wort — sie bleiben.
  Ein süßer Zauber wird wach,
  Gedenk' ich mein Vaterland dein —
  Was bist du nicht — und ach,
  Was könntest du erst sein!

Wol mag der Boden anderwärts
In reich'rer Fülle prangen,
Doch gibt's noch Eins, das ist das Herz,
Das will sein Theil verlangen.
Doch was daheim dem Herzen blüht,
Das kann die Fremd' nicht reichen —
Ein deutsches Herz, ein deutsch Gemüth,
Hat nirgend seines Gleichen.

Ein süßer Zauber wird wach,
Gedenk' ich mein Vaterland dein —
Was bist du nicht — und ach,
Was könntest du erst sein!"

So spricht der Siedler am fernen Strand,
Die Wogen grollen und schäumen;
Es scheidet die Sonne am tiefen Rand
Europa mit Morgen zu säumen.
Der wack're Siedler zur Hütte geht,
Die müden Augen zu schließen —
Im Traume nun ihn die Heimat umweht,
Er höret dort singen und grüßen:
Ein süßer Zauber wird wach,
Gedenk' ich mein Vaterland dein —
Was bist du nicht — und ach,
Was könntest du erst sein!

Das Geisterheer.

Am Mitternacht,
Wenn Niemand wacht,
Beginnt ein Rauschen, Regen und Ringen,
Die Gräber bersten, Särge zerspringen,
Und aus der Erde dunklem Schooß
Da hebet und ringet riesig groß
Barbarossa's Heer sich los!

Ein Geisterheer,
Mit rost'ger Wehr,
Mit Moos in Haar und Bart und Brauen;
Wie Donner sein Tritt, wie Glut sein Schauen;
Die Kämpen sind's, die Recht und Fug
Erhoben gegen Lug und Trug,
Und die der Kampf erschlug!

Sie rücken an,
So Mann für Mann,
Es drängen sich die düstern Horden.
Aus Süden, Westen, Osten, Norden,
Vom Morgenland, von deutscher Erd',
Von Südlands Gau, vom Römerherd,
Von üb'rall wo Kampf gewährt.

Mit düsterm Sinn
So geht's dahin,
Um nach der Wolken hohen Altären
Allnächtlich neu den Schwur zu schwören:
Wann immer Deutschland, vom Recht belebt,
Zum Schutz der Gauen und Stämme sich hebt,
Und wacker im Kampfe strebt —

Wir treten ein
In seine Reih'n,
Mit unsichtbaren Geisterhänden
So wollen wir die Schlachten wenden,
Daß wer der Heimat Waffen trägt,
Und kühn im Kampfe sich bewegt,
So dreifach die Dreifachen schlägt!

Am Wolkenfirn
Zuckt auf ein Gestirn,
Und zeigt mit seinem Schein, dem hellen,
Die nächt'gen Vaterlandsgesellen.
Doch wie im Thurm Schlag Eins sich hebt,
Die Stunde dumpf hernieder bebt —
Das Heer zerstiebt, verschwebt!

Bundeslied.

Vereint, mit treuen deutschen Bruderhänden,
So treten wir vor Gott und eine Welt!
In Schlachten wollen wir das Schicksal wenden,
Im Frieden Heil und Lieb' einander spenden,
Das schwören wir, so lang ein Himmel hält!

Wir wollen treu verbündet uns beschützen,
Und nimmer lassen bis zum letzten End' —
Im Kampfe soll das Schwert am Schwerte blitzen,
Im Frieden soll der Herd dem Herde nützen,
Daß man mit Stolz den deutschen Namen nennt!

Ihr Brüder all', gegrüßt in Nah und Ferne,
Vernehmt des deutschen Wortes schönste Zier!
Es forme sich zum tiefsten Herzenskerne:
Wir sind die Strahlen blos von einem Sterne,
Ein einig Volk — das sind und bleiben wir!

Aus der Schmiede.

I.

Schmiede-Lied.

Schmied' ich ein gutes Schwert,
Das wohl den Mann bewehrt,
Den Mann mit Herz und Hand
Für Recht und Vaterland:
    Klinge mein Ambos, kling',
    Das ist ein gutes Ding,
    Wenn ich den Hammer schwing'
    Und dir das Eisen bring';
    Klinge mein Ambos, kling',
    Daß ist ein gutes Ding!

Schmied' ich den Ackerpflug
Für Bauers frommen Zug,
Der treu die Erde gräbt,
Das Frucht zum Himmel strebt:
    Klinge mein Ambos, kling',
    Das ist ein gutes Ding,
    Wenn ich den Hammer schwing'
    Und dir das Eisen bring';
    Klinge mein Ambos, kling',
    Das ist ein gutes Ding!

Schmied' ich auch Reif und Huf,
Werkzeug zum Friedensberuf,
Alles was nützt und nährt,
Für Feld und Wald und Herd:

Klinge mein Ambos, kling',
Das ist ein gutes Ding,
Wenn ich den Hammer schwing'
Und dir das Eisen bring';
Klinge mein Ambos, kling',
Das ist ein gutes Ding!

Doch schmied' ich ein Kettenglied
Dem Vogt, der Wack're umzieht,
Schmied' ich das kleinste Stück,
Das bricht des Braven Glück:
 Springe mein Ambos, spring'!
 Das ist ein elend Ding,
 Wenn ich den Hammer schwing'
 Und dir das Eisen bring';
 Springe mein Ambos, spring',
 Das ist ein elend Ding!

II.
Der Schmied.

Die Funken entsprühen der Schmiede hell,
Der Hammer pochet und klinget,
Es schmiedet der Schmied, der wack're Gesell,
Ein gutes Schwert und singet:
 Du Eisen meiner Schmiede,
 Du Eisen glühend roth,
 Bald endigt wol der Friede,
 Es gilt den Schlachtentod.
 Gesegnet wer dich sollt' werben,
 Für's Vaterland zu sterben!

Die Funken entsprühen den Schwertern hell,
Und muthig kämpfen die Streiter;
Da sinket getroffen manch wack'rer Gesell,
Und hinstürzt ein alter Reiter:
Du Eisen meiner Schmiede,
Du Eisen blutig roth,
Geendigt war der Friede,
Es galt den Schlachtentod.
Ich selber that dich werben,
Gesegnet ein solches Sterben!

Kampflieder.
1809—1870.
I.
Wachruf.

Allarm, Allarm,
Gewehr in Arm,
Den Säbel in die Faust
Und Sturm, nur Sturm gebraust!
Jetzt gilt es dem Tyrannen,
Jetzt gilt's die Schmach zu bannen,
Heran, heran zur Seite,
Was streiten kann, das streite,
Die Freiheit ist die Beute!

Allarm, Allarm,
Gewehr in Arm,
Den Säbel in die Faust
Und Sturm, nur Sturm gebraust!

Ihr Männer und ihr Greise,
Nach ächter Streiter Weise,
Mit Büchs und Schwert, den treuen,
Mit Pulver und mit Bleien,
Das Land, das Land befreien!

Allarm, Allarm,
Gewehr in Arm,
Den Säbel in die Faust
Und Sturm, nur Sturm gebrauft!
Nicht zögern mehr und dulden,
Der Zahltag ist für Schulden,
Nur vorwärts, Kameraden,
Marsch=marsch den Weg, den g'raben,
Hoch auf die Pallisaden!

Allarm, Allarm,
Gewehr in Arm,
Den Säbel in die Faust
Und Sturm, nur Sturm gebrauft!
Ha endlich wird's entschieden,
Kein Wörtlein mehr vom Frieden,
Genug ist nun des Herben,
Zu End' mit Friedenswerben,
Nur siegen oder sterben!

Allarm, Allarm,
Gewehr in Arm,
Den Säbel in die Faust
Und Sturm, nur Sturm gebrauft!
Die Fahne weithin wallet,
Das Kriegsgeschrei erschallet,

Nur nach, nur nach zum Kriegen,
Nur nach, nur nach zum Siegen,
Deutschland wird nicht erliegen!

Allarm, Allarm,
Gewehr in Arm,
Den Säbel in die Faust
Und Sturm, nur Sturm gebraust!
Schon donnern die Kanonen,
Schon fliegen die Schwabronen —
Ha hört ihr Sieg'sgeschreie?
So herrlich ersteht aufs Neue
Das deutsche Land, das freie!

II.
Und immer nicht verzagt.

Und immer nicht verzagt,
Und immer frisch gewagt
Die kühn' verweg'ne Jagd
 Vom Meer bis über den Rhein —
 Das deutsche Land,
 Das ganze Land,
  Muß frei und einig sein!

Jed' Werkzeug nun zur Erd',
Mit einem guten Schwert
Die Arme euch bewehrt
 Und schlag't wie Teufel drein —
 Das deutsche Land,
 Das ganze Land,
  Muß frei und einig sein!

Empor und aufgerollt
Die Fahn' im Sonnengold,
Ein „Vorwärts hoch!" gegrollt
    Und in die Schlacht hinein —
  Das deutsche Land,
  Das ganze Land,
    Muß frei und einig sein!

Und sinken wir auch all'
Im Blitz und Dampf und Knall,
So sei der letzte Schall,
    So sei das letzte Schrei'n —
  Das deutsche Land,
  Das ganze Land,
    Muß frei und einig sein!

III.
Wach' auf!

Wach' auf, wach' auf, mein Vaterland,
Und sprenge die schmählichen Ketten,
Wolan und nimm das Schwert zur Hand,
Denn Zeit ist's dich zu retten!

Wach' auf, wach' auf, erhebe dich
Mit Lanzen und Büchsen und Speeren,
Wolauf, erhebet euch männiglich,
Denn Zeit ist's euch zu wehren!

Wach't auf, wach't auf und zaget nicht,
O füllet zum Kampfe die Reihen,
Wolauf, durchs Dunkel der Morgen bricht
Und Zeit ist's zum Befreien!

Wach't auf, wach't auf, zu End' die Noth,
O wären gleich Donner die Worte —
Wolauf zum Siegen oder zum Tod,
Ganz Deutschland eine Cohorte!

Die Herren Philister.

Die Philister, die Herren Philister,
Sie sitzen und sinnen und brüten,
Sie sitzen beim Biere ganz düster,
Und denken an ihre Düten!

Die Philister, die Herren Philister,
Das sind gar wack're Gesellen,
Sie messen, als staatskluge Priester,
Die Menschheit nach Dutzend und Ellen!

Die Philister, die Herren Philister,
Sind weise in hohen Graben,
Sie kennen so Fürst wie Minister,
Die ganze Welt aus dem Laden!

Die Philister, die Herren Philister
Sind tapfere Patrioten,
Sie haben mit Schwert und Tornister
Zu handeln — sich stets erboten!

Trutz-Nachtigal.

Die Philister, die Herren Philister,
Die haben die Weisheit gepachtet,
Doch wahrlich war Keinem je trister
Das Bislein Gehirn umnachtet!

Die Philister, die Herren Philister,
Regieren die Welten beim Gläsel —
Doch fragt man nur Einen, so ist er
Ein ungeheurer Esel!

Germanen in Rom.

Es tönt aus alten Zeiten
Ein Ruf zu uns herbei,
Von deutscher Männer Streiten,
Von ihrem Muthe frei,
Daß stolz sich will das Herz erheben,
Wenn wir das Alte neu beleben!

Es war in Roma's Mauern,
In der Arena Glanz,
Das Volk, mit ernstem Schauern,
Sah Mimenspiel und Tanz;
Da traten zu dem Römerfeste
Auch deutsche Krieger ein, als Gäste!

Es war nicht höf'sche Sitte
Der kühnen Männer Art,
Sie traten in die Mitte
Und strichen ihren Bart.

Der Platz erfüllt sie mit Behagen —
Nun wollten sie nach Andrem fragen!

Sie frugen nach den Stufen,
Die hier der Rang ertheilt,
Wo Ritter sind berufen,
Wo der Senatus weilt,
Und wo für Männer Raum sich schicket,
Auf die mit Stolz der Römer blicket!

Da ward bald hoch gepriesen
So Mancher in dem Kreis,
Mit Römerstolz gewiesen
Wem zuerkannt der Preis,
Und wo den Fremden Raum gewähret,
Die als die Besten hoch man ehret!

Da schlugen an die Waffen
Die deutschen Männer stark,
Und richteten die straffen
Gestalten auf, voll Mark;
Sie kümmert nicht, was Gaukler störet,
Sie rufen, daß das Volk es höret:

Kein edler Volk auf Erden
Als es das deutsche ist,
Und Ehre soll ihm werden,
Jetzt wie zu jeder Frist!
Ragt stolz ein Volk voll edler Ahnen,
So nennt das uns're — der Germanen!

Und zu des Volk's Ergötzen,
Mit derber deutscher Art,
Sie stiegen nach den Plätzen,
Den Besten aufbewahrt —
Es jauchzet Rom und sieht sie thronen,
Reicht deutschen Männern Ehrenkronen!

O könnt' ich dich beglücken.

O könnt' ich dich beglücken
Wie wollt' ich selig sein,
O du mein höchst Entzücken,
Geliebt Vaterland mein!
    Willst du mein Leben,
    Willst du mein Blut,
    Ich will's dir geben,
    Gar treu und gut!

Wie sollt' ich dich nicht lieben,
Da du so herrlich bist,
Es lacht ja hier wie drüben
Die Flur zu jeder Frist.
    Komm' ich zu Auen,
    Schreit' ich zur Höh,
    O Reiz zu schauen
    Wohin ich geh!

Du Heimat, Land voll Klarheit,
Voll hellem Geisteslicht,
Du Land voll edler Wahrheit,
O dich verlaß' ich nicht.

Ob manche Blüte
Auch fern gedeiht,
In deinem Gemüthe
Die Herrlichkeit!

Wie süß mit dir zu leben,
Für dich dem Tod sich weih'n;
Mein Geist wird dich umschweben,
Geh' ich zu Ew'gem ein.
O Gott beschirme
Dies deutsche Blut,
Lenk' es durch Stürme
Zum höchsten Gut!

Kugelguß des Schützen.
Tyrol 1809 u. ℓ.

Glimme, glimme Kohle,
Lobert, lobert Flammen,
Während ich mir hole
Kugelblei zusammen.

Wo ich's immer finde
Will zum Guß ich's raffen,
Denn es wäre Sünde,
Jetzt nicht Kugeln schaffen.

Jetzt die Ruh' zu gönnen
Büchslein an der Wand,
Wo sich Eins erkennen
Fürst und Vaterland!

So, jetzt glüht und glimmet
Schon mein liebes Pfännlein.
Drein, was ihm bestimmet!
Flink, du bleiern Männlein!

Gleichest einem Großen
Von dem Fremdenbunde;
Kannst zu ihnen stoßen
Bist erst kugelrunde.

Leichtest ist das Köpflein
Nunmehr ihm zerflossen;
Seht, ist nur ein Tröpflein —
Rasch in Form gegossen!

Ha, schon ist gestaltet
Gegner zum Befreier —
Ja es geht, wenn waltet
Braver Schützen Feuer!

Komme du nun, Schiene,
Fensterlein entlehnet,
Oft mit Kummermiene
Hat dich Eins bethränet;

Hast du da genützet
Gegen Sorgen, Grillen?
Aber bald, wie's blitzet,
Sollst du Leiden stillen!

Von 'nem Leichensteine
Kreuzlein bei den Scherben?
Gut, du kennst Gebeine,
Bist vertraut mit Sterben!

Seh' ich nicht da blitzen
Zeiger unsrer Uhren?
Grüß' euch! werdet nützen,
Folgt ja sichern Spuren!

Alter Glockenschwengel
Bei der bunten Beute?
Kommt der Sterbe=Engel
Gibst du das Geläute!

Herrgott verzeih'! daß gehen
Muß dein Bild zum Plunder! —
Doch du wirst erstehen
Luftdurchfliegend Wunder! —

Alles dreingegeben
In des Pfännleins Enge,
Wie es kommet eben,
Daß es gut sich menge.

Einmal noch geschüret
Flämmchen, daß es broble —
Daß, wie sich's gebühret,
Gut der Fluß sich moble.

Seht, ganz gut vereinigt
Ist nun schon die Masse,
Hat sich selbst gereinigt,
Daß in Form sie passe.

Sei's zu guter Stunde!
Jetzt wird frisch gegossen! — —
Da ist schon, ganz runde,
Kügelein entsprossen!

Wie's am Boden rollet
Mit dem frischen Glanze,
Wie sich's munter trollet,
Gleich als ging's zum Tanze!

Ja, sollt blasen, pfeifen,
Euch im Kreise schwingen,
Lichten Raum durchstreifen,
Manches Herz erringen!

Schon sind's zweie, dreie;
Wie ich stolz doch zähle;
Daß mir aus der Reihe
Nicht ein Schüßlein fehle!

Prächtig sind zu schauen
Nun die vielen Dutzend —
Sprech' ich ohne Grauen
Meinen Segen, trutzend.

Breite meine Hände
Ob euch Neugeschaff'nen,
Spreche, eh ich wende,
Mich mit euch zu waffnen:

Küglein fliege, eile,
Sauf' durch luft'ge Welle.
Feindesbrust zertheile,
Söldnerhaupt zerschelle.

Naheft du dem Volke,
Das mit uns im Leben,
Mußt, wie eine Wolke,
Schadenlos verschweben.

Findest dort die Sünder,
Frevler reich an Würden,
Diese darfst du, Blinder,
Nicht der Last entbürden.

Wo du hingesendet,
Dort verbleib du sitzen —
Balbigst sei's beendet,
Gott mög' uns beschützen!

In den Sack die Menge,
Eine frisch geladen —
Hurrah! in's Gebränge
Zu den Kameraden!

Eins.

Eins ist Eins, und bleibet Eins,
Und soll's in Ewigkeit verbleiben,
Von deutschen Herzen läßt sich keins
Dies aus dem Innern treiben!

Was dieses Land und jenes Land
Und wie sie heißen mögen! —
Ein Deutschland ist es stammverwandt,
Ein Deutschland allerwegen.
  Denn Eins ist Eins und bleibet Eins
  Und soll's in Ewigkeit verbleiben,
  Von deutschen Herzen läßt sich keins
  Dies aus dem Innern treiben!

Ob Nord und Süd, ob Ost und West,
Am Strom, am Berg, am Meere —
Ein Deutschland ist das Allerbest'
Und Allen gleich die Ehre.
 Denn Eins ist Eins und bleibet Eins,
 Und soll's in Ewigkeit verbleiben,
 Von deutschen Herzen läßt sich keins
 Dies aus dem Innern treiben!

Wer plagt sich erst mit Nam' und Zahl,
Und Glauben, Zoll und Schranken —
Ein Deutschland bleibt es allzumal
In Herzen und Gedanken.
 Denn Eins ist Eins und bleibet Eins,
 Und soll's in Ewigkeit verbleiben,
 Von deutschen Herzen läßt sich keins
 Dies aus dem Innern treiben!

Ob Gau, ob Kreis, ob Groß, ob Klein,
So laßt die Krämer zählen —
Wir aber wollen Deutsche sein,
Ein Geist soll uns beseelen.
 Denn Eins ist Eins und bleibet Eins,
 Und soll's in Ewigkeit verbleiben,
 Von deutschen Herzen läßt sich keins
 Dies aus dem Innern treiben!

Und meldet sich dem Kleinsten nur
Ein Feind in Wort und Thaten,
So soll er auf die Einheitsspur
Der Deutschen bald gerathen.

Denn Eins ist Eins und bleibet Eins,
Und soll's in Ewigkeit verbleiben,
Von deutschen Herzen läßt sich keins
Dies aus dem Innern treiben!

Ha, schlingt die Hände zum Verein
Und einigt auch die Seelen,
So klingt's in alle Welt hinein
Aus Schwertern und aus Kehlen:
Daß Eins ist Eins und bleibet Eins,
Und soll's in Ewigkeit verbleiben,
Von deutschen Herzen läßt sich keins
Dies aus dem Innern treiben!

Das Lied von Deutschlands Todten.

Zu Stralsund an der Ostsee
Im Friedhof ist es still —
Da reißt sich plötzlich zur Höh'
Ein todter Reiter, der Schill!

Der reitet wie Sturm in's Land,
In's deutsche Land herein —
Es stieben Funken im Sand,
Er leuchtet im Mondenschein.

Bei Wöbbelin, an der Eich',
Da zügelt er sein Pferd,
Denn dorten ruht die Leich'
Des Sängers von „Leyer und Schwert."

Der hört den Reiter kaum
Mit leisem Geister-Ohr,
So steigt er aus dem Raum
Mit Leyer und Schwert hervor. —

Hei Schwerterklang und Sang
Von Körner's deutschem Lied!
Es weckt in Gräbern entlang
Die Streiter, die es durchglüht! —

Zu Braunschweig in der Gruft,
Da ruht der kühne Oels,
Er hört das Lied, es ruft,
Und aufsteht der alte Fels!

Karolus im Wiener Dom,
Durchzuckt's mit seltsamer Macht,
Es hebt sich am Donaustrom
Der Held der Aspernschlacht.

Der Blücher im Schlesierland,
Der Lützow unverzagt,
Andree Hofer vom Sand,
Die wilde verweg'ne Jagd,

Der York und Scharenhorst,
Der alte Gneisenau,
Manch alter Schädel, der borst
Im Landsturm vom deutschen Gau;

Sie alle eilen herbei
In Schaaren wunderbar —
Und schließen die Geisterreih'
Vom neuner und dreizehner Jahr!

Kein Strom verhemmt den Zug,
Kein Fels versperrt den Weg,
Wie Nebel nimmt den Flug
Allnächtlich ob Heg und Steg.

Es neigen die Wipfel sich
Wo sie vorüber zieh'n,
Am ganzen Wegesstrich
Die Blumen erwachen und blüh'n!

Bei Leipzig auf dem Plan,
Da ragt ein Mal von Stein,
Dort halten die Todten an,
Dort stellen sie die Reih'n.

Das ist der alte Platz,
Die ew'ge Zeugenschaft
Vom deutschen Muthes Schatz,
Von deutscher Volkeskraft!

Das ist der alte Grund,
Die Urkund' der Natur,
Die spricht, bis zu letzter Stund',
Vom einst gesproch'nen Schwur.

Dort klirren die Gewehr',
Dort geht ein Losungswort,
Wie durch der Wolken Heer
Ein Blitz wol zucket fort!

Kein sterblich Ohr vernimmt,
Verräth den Geisterspruch —
Doch Segen ist's bestimmt
Aus Deutschlands Zukunftsbuch! —

Heimatland, du Wunderblume.

Heimatland, du Wunderblume,
Blühe auf in Gottes Hand,
Zu der Völker Heiligthume,
Theures, deutsches Vaterland!
  Wenn sich frei im Sonnenglanze
  Deine Kräfte ganz erschließen,
  Wird im weiten Erdenkranze
  Keine schön're Blume sprießen!

Tapf'rer Schützen
Treu und Wehre,
Werden stützen
Deine Ehre,
Werden hüten
Deinen Garten,
Deine Blüten
Sorglich warten!

Gott im Himmel sende, sende
Deinen schönsten, lichten Tag,
Daß sich alles Trübe wende
Und die Blume aufwärts rag'!
  Wie zum Kelch die Blätter alle,
  Wollen treu wir ringsum halten,
  Einig bis zum letzten Falle;
  Lasse, Herr, den Frühling walten!

Schwestern.

Zwei Frauen gar hold und wunderbar,
Wohnen im Walde seit tausend Jahr;
Ihr Herz schlägt hoch und ihr Auge blaut
Hat keine Seele noch Schön'res geschaut!

Senkt einsam die Eine das Haupt zum Schoos:
„O süße Schwester, du holde Ros',
Wie konnt' nur ein Stündchen ich ohne dich sein —
Es rieseln die Thränen ins Herz mir hinein!"

Auch spricht die Anb're, wol nah doch fern:
„O süße Schwester, du lichter Stern,
Wie konnt' nur ein Stündchen ich ohne dich geh'n —
Mein Herz will brechen vor Gram und Weh'n!"

Es rauschen die Blätter, es duftet der Wald,
Es nahen und es umschlingen sich bald,
Mit Küssen und Zähren, den süßen und heißen,
Die Schwestern: Deutschland und Eintracht geheißen!

Der deutsche Grenadier
in der französischen Armee 1813—1870.

Da steh' ich nun und halte Wacht,
Ich armer Grenadier!
Sie haben einen Krieg gemacht
Und haben mich hierhergebracht,
Ich weiß nur nicht wofür!

Viel Lande zog ich ein und aus,
Ich armer Grenadier!
Ich habe Weib und Kind zu Haus,
Die ließ ich dort in Noth und Graus,
Und weiß nur nicht wofür!

Hab' selbst geharbt, hab' manche Wund',
Ich armer Grenadier!
Mein Leben schwankt von Stund' zu Stund',
So Manchen legt ich selbst zum Grund,
Ich weiß nur nicht wofür!

Wol schreit' ich auf der Wache jetzt,
Ich armer Grenadier!
Doch ist der Rasen bald benetzt,
Adee! das ist der letzte Rest —
Ich weiß nur nicht wofür!

Ha gilt's das Blut, ha gilt's die Schmach —
Ich armer Grenadier!
Schlag' an, Tambour, und wirble jach!
Kam'raden hört und folgt mir nach,
Ich weiß nun schon wofür!

Kam'raden auf und rüstet euch,
Ihr armen Grenadier'!
Der Heimat gilt's, dem deutschen Reich,
Und ist's der Sieg, der Tod zugleich,
Dann wissen wir wofür!

Kam'raden auf und stürmt voran,
Ihr wackern Grenadier'!
Wer Feinden dient, kein deutscher Mann,
Den Fremden zu der Hölle bann
Wir wissen ja wofür!

Für Deutschlands Freiheit sterbet gern,
Ihr wackern Grenadier'!
Die Heimatfahn' der schönste Stern;
Das Blut daheim, das Leben fern,
Wir wissen ja wofür!

Und müssen wir in's Grab hinein,
Wir armen Grenadier'!
So wird es auch ein ehrlich's sein,
Im Friedhof betet Mancher drein,
Wir wissen ja wofür!

Der Sänger von Nürnberg.

"Ist's nicht die Nachtigal,
Die mit viel süßem Schall
Die laue Nacht durchwürzet?
O horcht und lauscht,
Wie's klingt und rauscht,
Gar hold die Zeit verkürzet!

Wer kennt das liebe Haus,
Aus dem's so tönt heraus,

Berückend alle Sinne?
Kein Preis zu hehr,
Kein Weg zu schwer,
Daß ich den Sänger gewinne!"

Solch stolzes Fürstenwort
Zog einst in Nürnberg fort
Von Haus zu Hauses Schwelle;
Bis fern am Rand
Sich endlich fand
Des Liedes holde Quelle!

Bei einem Weber schlicht
Tritt ein der Fürst und spricht
Von seines Sinn's Begehren;
Doch nicht um Gold
Der Meister wollt'
Den Liebling sein, entbehren!

„‚Die Lieder, Herr, o hört,
Ich hab' sie selbst gelehrt
Das Thier so zart und schöne,
Vom Herzen drang
Mir der Gesang,
Die Fülle jener Töne!'"

„Ei Meister! Euer Schild
Zeigt eines Sängers Bild,
Ihr pflegt die holden Weisen?"
„‚Ja, Herr, im Land
Bin ich bekannt
Aus Meistersängerkreisen!'"

Trutz-Nachtigal.

„Wolan, wenn solche Kunst
Ihr lehrt, gewährt die Gunst,
Woll't selbst das Lied erheben!
Ihr sollt geschmückt
Und reich beglückt
Am Dänen=Hofe leben!"

Herr Haffner holt vom Schrank
Die Harfe, schlicht, doch blank,
Stimmt drein mit süßem Schallen!
Den fremden Gast
Es innig faßt,
Ihm thät das Herzblut wallen!

„„Ich bin ein freier Mann,
Gott hat mir's wohl gethan,
Preis ihm, der mich geschaffen!
Und deutschem Reich
Ist keines gleich
In Ehr' und Wehr' und Waffen!

Die Wurzel hält im Grund',
So muß auch jede Stund'
Ins Volk der Sänger greifen —
Das gibt Gewalt,
Dem Leben Halt,
Und läßt zur Höh' ihn reifen!

Und wäret Ihr so reich,
Daß Eurem Schatz nichts gleich,

Mein Lohn sich kaum ließ' fassen —
Beim Vaterland
Halt' fest ich Stand
Und will mein Heim nicht lassen!"

―――――――

Vaterländisch' Weinlied.

Wer möchte nicht beim Rebensaft
Des Vaterland's gedenken?
Mit Lebehoch, aus voller Kraft,
Wir zu dem theuern lenken!
   Wie die Reben
   Mög' sich's heben
   In dem Streben
    Auf zum Licht!

Der Wein ist ächter deutscher Trank,
Er gleichet uns auf's meiste. —
Aus vielen Stämmen frisch und schlank,
Geeint zu Einem Geiste.
   Einst ein Drücken,
   Doch ein Schmücken
   Und ein Glücken
    In der Kraft!

Der Geist von unserm Heimatsgrund,
Der kennt kein rasch Verzischen,
Er wird bis zu der letzten Stund'
Mit Kraft die Welt erfrischen.

Kein Verprassen!
Doch erfassen,
Nimmer lassen
　Helle That!

So mag der Wein voll Geist und Licht
Uns als ein Sinnbild stehen,
Sein Alter kennt die Schwäche nicht,
Nur Geist= und Kraft=Erhöhen.
　Drum mit Jahren
　Nur zum Klaren
　Und ein Paaren
　　Mit dem Geist!

Der Wein, der meldet fest und treu
Vom Grund, dem er entsprossen,
Es zeigen Kraft und Mild' stets neu
Den deutschen Land'sgenossen.
　Nah und ferne
　Bleibt drum gerne
　Treu dem Sterne
　　Deutscher Ehr'!

So hebt die Gläser hoch zur Weih',
Die wir dem Weine geben,
Und aus dem Herzen tönt der Schrei:
Das Vaterland soll leben!
　Geist und Klarheit,
　Kraft und Wahrheit,
　Ruhm zu allezeit,
　　Für und für!

Die Eilf vom Schill.

Was tönen am Rheine die Trommeln so dumpf und bang,
Was ziehet zu Wesel so schwarz die Straße entlang,
Mit schwerem gleichen Schritt,
Mit schwerem gleichen Tritt?
In Reih' und Glied, eng' Mann an Mann, marschiren
Soldaten dort hinaus zum Exequiren:
        Eins zwei drei,
        Pulver und Blei!

Das gilt den Eilf vom Schill, der Deutschen Ehr',
Mit Fesseln, mit Fesseln, so bringt man sie daher,
Mit Ketten an Fuß und Arm,
Ha, daß sich Gott erbarm'!
Weil sie gekämpft gen Bonapartes Gnaden
Hoch droben, kühn, auf Stralsunds Pallisaden:
        Eins zwei drei,
        Pulver und Blei!

Wie glänzt ihr Auge, wie strahlet ihr Gesicht,
So schreiten doch wahrlich die Verbrecher nicht,
Wie fest ist doch ihr Gang
Die Todesbahn entlang,
Die Sündermienen nur die Henker machen —
Um ihren Mund, um ihren, schwebt ein Lachen:
        Eins zwei drei,
        Pulver und Blei!

Und als man nun gereiht den Kreis recht groß,
Da schreitet heraus der Regimentsprofos;
Und hinter ihm daher
Die Schützen mit Gewehr;

Sie heften ihn nach vorn, den Blick, den stieren,
Und warten auf des Hauptmanns Commandiren:
        Eins zwei drei,
        Pulver und Blei!

Noch einmal bittet nun, mit ernstem Ton,
Wie Brauch es ist, der Profos um den Pardon,
Doch dreimal nein und nein!
So herrscht's den Kreis hinein;
Bei uns auf Erden ist kein Pardoniren,
Vorwärts, Soldaten, zu dem Exequiren!
        Eins zwei drei,
        Pulver und Blei!

Nicht zucken da die Eilf die heitre Mien',
Bald liegen sie lächelnd, ruhig auf den Knien;
Sie lüften die Hemden los,
Sie legen die Brust ganz bloß,
Es blitzt — ein Knall — die Kugeln treffen in Mitten!
Die Wackern haben endlich ausgelitten:
        Eins zwei drei,
        Pulver und Blei!

Vaterlands=Lied.

So lang' die deutschen Herzen
Nur fest beisammen halten,
Soll nimmer ein Schwert von Erzen
Die Einigkeit zerspalten,

Trutz-Nachtigal.

Es mag' der Feind nur hegen den Wahn,
Doch flattert die Fahne himmelan —
  So lang' die deutschen Herzen
  Nur fest beisammen halten!

So lang' die Bruderhände
Ein Stamm dem Stamme bietet,
Hat nimmer das Reich ein Ende,
Ist nimmer der Ruhm verhütet.
Den alten Aar durchbringt es jung,
Und siegverkündend ist sein Schwung —
  So lang' die Bruderhände
  Ein Stamm dem Stamme bietet!

So lang' die deutsche Sprache
Ein heilig Bundeszeichen,
Ist gut die deutsche Sache
Und wird ihr Ziel erreichen.
Was auch der Fremde sinnt und spinnt,
Es fliegt doch nur wie Spreu in Wind —
  So lang' die deutsche Sprache
  Ein heilig Bundeszeichen!

So lang' die Deutschen wollen,
Wird auch ihr Ruhm nicht wanken —
O haltet fest am vollen
Am Vaterlandsgedanken!
Das Vaterland, das Vaterland,
Ihr Stämme alle, in Lieb' verwandt:
  So lang' die Deutschen wollen
  Wird auch ihr Ruhm nicht wanken!

Der Löwe von Aspern*).

Bei Aspern ist ein Löwe,
Ein Löwe fest von Stein,
   Er rührt nicht Glied noch Pranken,
   Man sieht ihn nimmer wanken,
Er drückt die Augen ein!

Doch Nachts, beim Sternenschimmer,
Erhebet sich der Leu,
   Er streckt die ries'gen Glieder,
   Er steigt vom Sockel nieder,
Die Augen flammen neu!

Er schreitet durch die Felder,
Er wirft sich in den Strom,
   Er lenket seine Pfade
   Bis hin an Wiens Gestade,
Bis an den Riesendom!

Dort ruht das edle Herze
Vom Helden Karl, so werth,
   Dem gibt er sich're Kunde,
   Ob Frieden in der Runde,
Ob noth sein gutes Schwert!

Und wenn das Land gefährdet,
Da brüllt der Riesenleu —
   Die alten todten Streiter,
   Die alten todten Reiter,
Kommen mit Karl herbei!

---

*) Bei Aspern ward der erste Sieg gegen Napoleon I. errungen, 1809, Erzherzog Karl. Ein steinerner Löwe steht als Denkmal.

Sie fliegen vor den Fahnen,
Sie ziehen mit dem Heer;
  Die Feinde faßt ein Zagen,
  Sie sinken hin, geschlagen,
Der Sieg fehlt nimmermehr!

Was schlecht und morsch.

Was schlecht und morsch, muß fallen,
Versinken und stürzen in Nacht,
Weil endlich, trotz Allem und Allen,
Das Wahre, das Gute erwacht!

Denn jeder Tag im Werden,
Er bringt ein Keimen und Glüh'n,
O welch' ein Erstehen auf Erden,
Am Himmel welch' sonniges Sprüh'n!

Die Blumen, die sich entfalten,
Das Gräslein, das schüchtern sich hebt,
Sie sprossen vom Schlechten und Alten,
Vom Moder, der früher gelebt!

Der Lüfte lindestes Wehen,
Des zartesten Röschens Knauf,
Sie sprechen und deuten Erstehen,
Das Wahre, das Gute blüht auf!

Was schlecht und morsch, muß fallen,
Sein lauert die rächende Nacht,
Und immer, trotz Allem und Allen,
Das Wahre, das Gute erwacht;

Ein neues Märlein.

Ich will Euch ein Märlein erzählen,
Wie es mir jüngst vertraut
Ein Meere-kundiger Schiffer
Mit heimlich flüsterndem Laut.

Es ist 'ne dumme Geschichte,
Wenn auch die ganze Welt
Das Meer, den Sturm und die Wogen
Für sehr natürlich hält.

Die Wellen und die Wogen,
Die rollen in Nacht und Wind,
Die armen geplagten Seelen
Von Menschenkindern sind.

Von solchen, die verlassen
Die Heimat mit leichtem Sinn,
Und froh durchs Meer gezogen
Zu fernen Landen hin.

Die nimmer wollten achten
Den eig'nen deutschen Grund,
Und nimmer wollten harren
Auf eine beff're Stund'.

Die Land und Leut' verlassen,
Wo doch gewurzelt ihr Herz,
Und nichts mehr wollten wirken
Zu lindern den Heimatschmerz.

Die Wellen und die Wogen,
Die rollen in Nacht und Wind —
Die armen geplagten Seelen
Von solchen Menschen sind.

Sie kommen von fern' herüber
Und wollen zum Uferrand —
Doch sträubet sich das Ufer
Und stößt sie vom Heimatland.

Sie ächzen, grollen und zürnen —
Es ist ein trüb' Geschick —
Die eig'ne süße Heimat
Stoßet sie schnöd' zurück.

Die Leute sprechen gewöhnlich
Von einem Wellenschaum —
Es sind die weißen Laken
Der Todten, fliegend im Raum.

Im Osten und im Norden,
Da kommen sie drängend her,
Wo immer den deutschen Boden
Geküßt das heimische Meer.

Gott sei den Armen gnädig,
Die ziehen in Nacht und Wind —
Und beff're die leichten Seelen
Die noch am Leben sind! —

O komm'!

O komm' mit mir nach Deutschlands Gauen,
Dort wollen wir ein Hüttlein bauen;
Wol ich und du am grünen Rhein,
Die gold'nen Berge lächeln drein,
Es grüßen die Fluren, die blumigen Auen —
O komm', o komm',
O komm' mit mir nach Deutschlands Gauen!

O komm' mit mir nach Deutschlands Gauen,
Dort lebt ein Volk, so schön zu schauen,
Frei ist das Herz, kühn ist der Muth,
Der Geist erstrebt, was hehr und gut,
Dort kannst du dem Worte, dem Manne vertrauen —
O komm', o komm',
O komm' mit mir nach Deutschlands Gauen!

O komm' mit mir nach Deutschlands Gauen,
Ein neuer Tag beginnt sein Blauen,
Uns labt das Licht, der Sonnenschein,
Der freie Geist schwingt sich hinein
Und einigt in Liebe uns Männer und Frauen —
O komm', o komm',
O komm' mit mir nach Deutschlands Gauen!

O komm' mit mir nach Deutschlands Gauen,
Mein süß' Geheimniß, will's dir vertrauen:
Ich weiß nicht, was mir das Herz umflicht,
Sobald mein Mund von Deutschland spricht,
Beginnt's mir im Auge von Thränen zu thauen —
O komm', o komm',
O komm' mit mir nach Deutschland Gauen!

Eichen-Lob
so der Schalk sprechen will.

Die Eiche ist der deutsche Baum,
Das Zeichen muß ich loben,
Es findet sich ein stärk'rer kaum
So knorrig und verschroben.

Er braucht 'ne halbe Ewigkeit
Um Etwas nur zu werden,
Begnüget sich die ganze Zeit
Mit Sand und tauber Erden.

Es geht von seinen Zweigen fast
In and'rer Richtung jeder —
Doch ist die Frucht für gute Mast
Und ausgezeichnet Leder!

Die Gallusäpfel hängen dran —
O schlaubedachte Finte! —
Drum sitzt der gute deutsche Mann
So oft und tief in Tinte!

Einig!

Was drängt sich mir ins Aug' die Thrän',
Was will mein Herz in Wehmuth schlagen?
O deutsches Reich, so herrlich und schön,
Dein denk' ich aus alten, großen Tagen!
    Das war ein Volk, das war ein Land!
    Das war Ein Herz und Eine Hand —
So einig! So einig!

Das Banner glänzte hoch und hehr
Wie Sonnenstrahl ob alle Lande —
An Siegen reich durchzog's das Meer,
Vor ihm entflohen Schmach und Schande.
   Und was es so groß, so herrlich gemacht,
   Es war, daß damals das Volk gedacht
So einig! So einig!

Du deutsches Volk, du deutsches Land,
Wie ist das dann so anders worden —
Kein Banner mehr in kräft'ger Hand
Und kein's an eines Schiffes Borden!
   O wär' meine Stimm' wie Donner so stark,
   Ich rief's, erschütternd dir Bein und Mark:
Sei einig! Sei einig!

Sei's Fürst und seien's die Bürger all',
Sie haben nur mehr Ein Werk zu wollen —
Das Land und die Einheit, vor dem Fall',
Im Glanze sie erheben sollen!
   Ob Bauer am Pflug, ob Fürst auf dem Thron,
   Ein Jeder bewähr' sich als Landes Sohn —
Seid einig! Seid einig!

Das Banner vermorscht, zerrissen ganz,
Erhebt's in funkelnd neuer Reinheit;
Den alten Geist erwecket zum Glanz,
Die auferstand'ne deutsche Einheit!
   O hebet das Herz und hebet den Sinn,
   Auf Eure heil'ge Sendung seht hin —
Seid einig! Seid einig!

Trutz-Nachtigal.

Ist's besser, wenn, zu Aesten zerstückt,
Die Eiche in dem Haine lieget,
Als wenn sie sich, voll Kraft geschmückt,
Ein herrlicher Stamm im Sturme wieget?
    Nur Einheit, Kraft und Ehrlichdenken
    Und alle Schwerter müssen sich senken —
Seid einig! Seid einig!

Seid einig bis zum letzten Hauch —
Wer kann der Größe widerstehen?
Und müßten wir denn sinken auch,
So soll der letzte Mann vergehen!
    Zusammen Ein Herz, Ein Sinn und Eine Hand
    Und donnernd dröhnt's durch Meer und Land:
Deutschland ist einig! Deutschland ist einig!

Schlußgesang:

Nur Einigkeit!

Nur Einigkeit, nur Einigkeit,
Das Schönste muß gelingen —
Ein einig Volk in Fried und Streit,
Wird Großes stets vollbringen!

Nur Einigkeit, nur Einigkeit,
Und seht, es wird schon gehen —
So lange unter Euch der Streit,
Kann Rechtes nicht geschehen!

Es biete Jeder seine Kraft,
Zu edler That die Hände,
Dann wird das Gute bald verschafft,
Dem Schlechten naht sein Ende!

Vergesse Jeder alten Zwist
Und laß' das eitle Kritteln,
Denn glaubt es, anders war und ist
Nichts Großes zu vermitteln!

Nur Einigkeit, nur Einigkeit,
Es muß und muß gelingen!
Das Glück, es harret stets bereit
Bei ernstlichem Vollbringen!

Ja Ihr begrüßet ihn gewiß
Den ächten Sieg, den vollen,
Ihr brauchet nur noch Eins und dies,
Dies ist: Ihr müsset wollen!

Es ein'ge sich das ganze Reich,
Das Gute siegt — ohn' Zweifel!
Und wollt Ihr nicht, so ... Euch
Doch insgesammt . . . .

Ende.

Inhalt.

(Die mit * bezeichneten Lieder waren bereits in der ersten und zweiten Auflage.)

Die schönste Liebe 5
Germania 6
Dies ist der Tag der Ehre 6
*Sängertod 7
*Das hohe Lied 10
So schlag empor du Freiheitsbrand 12
*Der König im Sterben 14
*Noch Einmal 15
Germanenzug 17
*Gruß an die Heimat 18
*Das Geisterheer 21
*Bundeslied 23
*Aus der Schmiede:
   I. Schmiede-Lied 24
   II. Der Schmied 25
Kampflieder:
   *I. Wachruf 26
   *II. Und immer nicht verzagt 28
   III. Wach' auf 29
*Die Herren Philister 30
Germanen in Rom 31
O könnt' ich dich beglücken 33
*Kugelguß 34
*Eins 38
*Das Lied von Deutschlands Todten 40
Heimatland, du Wunderblume 43
*Schwestern 44
*Der deutsche Grenadier 44
Der Sänger von Nürnberg 46
*Vaterländisch Weinlied 49
*Die Eilf vom Schill 51
*Vaterlands-Lied 52
Der Löwe von Aspern 54
Was schlecht und morsch 55
*Ein neues Märlein 56
O komm mit mir 58
*Eichen-Lob, so der Schalk sprechen will . 59
*Einig 59
*Schlußgesang. Nur Einigkeit 61

Verlag von Philipp Reclam jun. in Leipzig.
Universal-Bibliothek.

Preis jedes Bandes: 20 Pfennige.

Bis Februar 1879 erschienen folgende **1140 Bände:**

d'Abrest, Pariser Belagerung. 959.
Äschylos, Agamemnon. 1059.
— Die Eumeniden. 1097.
— Die Perser. 1008.
— Der gefesselte Prometheus. 988.
— Die Schutzflehenden. 1038.
— Die Sieben gegen Theben. 1025.
— Das Todtenopfer. 1063.
Albini, Die gefährliche Tante. 241.
— Endlich hat er es gut gemacht. 294.
— Kunst und Natur. 262.
Alfieri, Philipp II. 874.
Almeida-Garrett, Der Mönch von Santarem. 972—974.
Alpharts Tod von Schröer. 546.
Altwasser, Graf Leicester. 364.
Anakreon. Deutsch von Junghans. 416.
Andersen, Bilderbuch ohne Bilder. 381.
— Der Improvisator. 814—817.
— Nur ein Geiger. 633—636.
— Sämmtliche Märchen. 691—700.
— O. T. 1098—1100.
Angely, Der Dachdecker. 203.
— Fest der Handwerker. 110.
— Ein kleiner Irrthum. 989.
— Lift und Phlegma. 355.
— Paris in Pommern. 295.
— Reise a. gemeinschaftl. Kosten. 30.
— Schlafrock und Uniform. 725.
— Von Sieben die Häßlichste. 175.
— 7 Mädchen in Uniform. 226.
Apel, Junge Männer u. alte W. 467.
Apulejus, Amor und Psyche. 486.
Archenholtz, 7jähr. Krieg. 134—137.
Aristophanes, Die Acharner. 1119.
Arnim, Fürst Ganzgott ꝛc. 197.
— Die Verkleidungen des französischen Hofmeisters. 128.
Augier, Die Abenteurerin. 856.
— Eine Demimonde-Heirath. 1126.
— Haus Fourchambault. 1072.
— Die arme Löwin. 1104.
— Der Pelikan. 622.
Babo, Otto von Wittelsbach. 117.
— Der Puls. 217.
Balzac, Mercadet. 631.

Bayard, Vicomte v. Létorières. 649.
Beaumarchais, Barbier v. Sevilla. 600.
— Figaro's Hochzeit. 661.
Beecher Stowe, Onkel Tom's Hütte. 961—965.
Beer, Der Paria. 27.
— Struensee. 299.
Beowulf. Deutsch von Wolzogen. 430.
Béranger's Lieder. 452. 453.
Bergsöe, Gespenstergeschichten. 996.
— Italienische Novellen. 786. 787.
Bern, Auf schwankem Grunde. 605.
— Deutsche Lyrik. 951—955.
— Meine geschiedene Frau. 1011.
— Gestrüpp. 785.
Björnson, Der Brautmarsch. 950.
— Ein Fallissement. 778.
— Das Fischermädchen. 858. 859.
— Die Neuvermählten. 592.
— Synnöve Solbakken. 656.
— Zwischen den Schlachten. 750.
Blanche, Erzählungen des Küsters zu Danberyd. 791. 792.
Blum, Der Ball zu Ellerbrunn. 601.
— Ein Herr und eine Dame. 776.
— Erziehungs-Resultate. 612.
— Ich bleibe ledig. 637.
— Die Mäntel. 835.
Blumauer, Aeneis. 173. 174.
Blumenhagen, Luthers Ring. 568.
— Hannovers Spartaner. 1002.
Bögh, Humorist. Vorlesungen. I. 1062.
Bohrmann-Riegen, Verlor. Ehre. 857.
Bowitsch, Mariensagen. 272.
— Sindibad. 342.
Boz (siehe Dickens).
Börne, Ausgew. Skizzen. 11. 109. 182.
— Aus meinem Tagebuche. 279.
Bouilly, Der Abbé de l'Epée. 1020.
Brandt, Im Froschteiche. — Aus den höchsten Kreisen. 990.
Brant, Narrenschiff. 899. 900.
Bremer, Die Nachbarn. 1003—1006.
Brentano, Geschichte v. braven Kasperl und dem schönen Annerl. 411.
— Gockel, Hinkel u. Gackeleia. 450.

Bretzner, Das Räuschchen. 686.
Bret Harte, Californ. Erzählungen.
 571.607.629.671.712.1069.1127.
— Gabriel Conroy. 771—775.
— Geschichte einer Mine. 1039.1040.
— Die beiden Männer von Sandy-
 Bar. 916.
— Thankful Blossom. 870.
Bulthaupt, Corsisches Trauersp. 369.
Bulwer, Pelham. 1041—1045.
— Das Mädchen von Lyon. 949.
— Pompeji. 741—745.
— Rienzi. 881—885.
Bunge, Der Herzog v. Kurland. 318.
— Die Zigeunerin. 1085.
Bürger, Gedichte. 227—229.
— Münchhausens Abenteuer. 121.
Burghardt, Epische Gedichte. 160.
Burns, Lieder und Balladen. 184.
Busch, Gedichte. 382.
Byr, Lady Gloster. 391.
Byron, Cain. 779.
— Der Gefangene von Chillon. —
 Mazeppa. 557.
— Der Gjaur. 669.
— Ritter Harold. 516. 517.
— Der Korsar. 406.
— Lara. 681.
— Manfred. 586.
Calderon, Andacht zum Kreuze. 999.
— Der Arzt seiner Ehre. 590.
— Leben ein Traum. 65.
Calmberg, Theodor Körner. 673.
— Der Sekretär. 993.
Casanova's Gefangenschaft. 687.
Cäsar, Der Bürgerkrieg. 1091. 1092.
— Gallische Krieg. 1013—1015.
Cervantes, Cornelia. 151.
— Don Quijote. 821—830.
— Preciosa. 555.
Chamisso, Gedichte. 314—317.
— Peter Schlemihl. 93.
Chateaubriand, Atala. — René. —
 Der letzte Abencerrage. 976. 977.
Chinesische Gedichte. 738.
Cicero, Cato der Aeltere. 803.
— Lälius. 868.
Collin, Regulus. 329.
Conscience, Der arme Edelmann. 929.
Contessa, Das Räthsel. 572.
Cooper, Der letzte Mohikan. 875—877.
— Der Spion. 1016—1018.
Corneille, Der Cid. 487.

Corneille, Horatius. 705.
— Polyeuct der Märtyrer. 577.
— Rodogune. 528.
Cornelius, König und Dichter. 59.
— Platen in Venedig. 103.
— Verhängnißvolle Perrücke. 126.
Cornelius Nepos. 994. 995.
Cosmar, Die Liebe im Eckhause. 420.
Cossa, Nero. 591.
Cremer, Holländische Novellen.
 1051—1055.
Cumberland, Der Jude. 142.
Danilewski, Familienchronik.602-603.
— Die Nonnenklöster in Rußland.
 751—755.
— Pioniere des Ostens. 542—545.
Dante, Göttliche Komödie. 796—800.
Daudet-Ritter, Neue Liebe. 967.
Delavigne, Ludwig XI. 567.
Demosthenes' Rede für die Krone. 914.
— Olynthische Reden. 1080.
— Philippische Reden. 957.
Dickens, Heimchen am Herde. 865.
— Kampf des Lebens. 960.
— Oliver Twist. 593—596.
— Die Pickwicker. 981—986.
— Zwei Städte. 891—894.
— Die Sylvester-Glocken. 806.
— Der Weihnachtsabend. 788.
Dräxler-Manfred, Marianne. 264.
Dumas, Kean. 794.
Dumas (Sohn), Demi-Monde. 530.
— Die Cameliendame. 245.
Dupaty, Frauen unter sich. 947.
Eberhard, Hanchen u. d. Küchlein.713.
Eckardt, Sokrates. 888.
Eckstein, Humoresken. 621.
— Pariser Leben. 740.759. 780.840.
Edda. Deutsch v. Wolzogen. 781—784.
Engel, Der Philosoph. 362. 363.
— Herr Lorenz Stark. 216.
Eötvös, Der Dorfnotär. 931—935.
Euripides, Die Bakchantinnen. 940.
— Iphigenie in Tauris. 737.
— Medea. 849.
Ferrari, Die beiden Damen. 1132.
Feuillet, Dalila. 618.
— Eine vornehme Ehe. 554.
— Montjoye. 944.
— Die Untröstlichen. 305.
Fichte, Ueber den Gelehrten. 526.527.
— Reden an die deutsche Nation.
 392. 393.

(Verlag von Philipp Reclam jun. in Leipzig.)

Fiedler, Frauenherzen. 360.
Foscolo, Ortis' Briefe. 246. 247.
Fouqué, Undine. 491.
Freidanks Bescheidenheit. 1049. 1050.
Fresenius, Die Lebensretter. 433.
— Allzu scharf macht schartig. 515.
Friedmann, Vertauscht. 1037.
Gabermann, C. Krüger. 1078.
Gaudy, Ludwiga. 376.
— Schneidergesell. 289.
— Venetian. Novellen. 911—943.
Geiser, Gedichte. 352.
Gellert, Fabeln u. Erzähl. 161. 162.
— Oden und Lieder. 512.
Gerstenberg, Ugolino. 141.
Girardin, Furcht vor der Freude. 975.
— Des Uhrmachers Hut. 509.
— Lady Tartüffe. 679.
Gisele, Die beiden Cagliostro. 408.
— Bürgermeister von Berlin. 480.
Goethe, Clavigo. 96.
— Egmont. 75.
— Faust. 1. u. 2. Theil. 1. 2.
— Die Geschwister. — Die Laune des Verliebten. 108.
— Götz von Berlichingen. (Bühnenausgabe). 879.
— Götz von Berlichingen. 71.
— Hermann und Dorothea. 55.
— Iphigenie auf Tauris. 83.
— Mahomet. 122.
— Die Mitschuldigen. 100.
— Reineke Fuchs. 61.
— Stella. 104.
— Tancred. 139.
— Die natürliche Tochter. 114.
— Torquato Tasso. 88.
— Werthers Leiden. 67.
Goethe-Schillers Xenien. 402. 403.
Gogol, Die todten Seelen. 413. 414.
— Der Revisor. 837.
— Taras Bulba. 997. 998.
Goldoni, Diener zweier Herren. 463.
— Der Fächer. 674.
— Die neugierigen Frauen. 620.
Goldsmith, Landprediger. 286. 287.

Grimmelshausen, Der abenteuerliche Simplicissimus. 761—765.
Gryphius, Herr Peter Squenz. 917.
Gudrun. Deutsch v. Junghans. 465. 466.
Güthner, Die Wahl. 1122.
Gyulai, Der letzte Herr eines alten Edelhofes. 579.
— Ein alter Schauspieler. 250.
Haffner, Der verkaufte Schlaf. 255.
Hamann, Magi und Sokratische Denkwürdigkeiten. 926.
Hamm, Wilhelm, Gedichte. 441.
Hartmann v. d. Aue, Der arme Heinrich. 456.
Hartzenbusch, Liebende v. Teruel. 459.
Hauff, Bettlerin v. Pont des Arts. 7.
— Das Bild des Kaisers. 131.
— Jud Süß. 22.
— Lichtenstein. 85—87.
— Mann im Monde. 147. 148.
— Märchen. 301—303.
— Memoiren des Satan. 242—244.
— Phantasien i. Br. Rathskeller. 44.
— Othello. 200.
— Ritter von Marienburg. 159.
— Die Sängerin. 179.
Haug, Sinngedichte. 1136.
Hebel, Allemannische Gedichte. 24.
— Schatzkästlein. 143. 144.
Hedberg, Die Hochzeit zu Ulfosa. 628.
Hegner, Die Molkenkur. 296. 297.
Heigel, Freunde. 1120.
— Das ewige Licht. 915.
— Marfa. 804.
— Der Theaterteufel. 980.
— Veranda am Garbasee. 1131.
Helbig, Gregor der Siebente. 1036.
— Komödie auf der Hochschule. 956.
Herder, Der Cid. 105.
— Legenden. 1125.
Hermannsthal, Ghaselen. 371.
Hertz, Einquartierung. 1046.
— König René's Tochter. 190.
Heyse, Paul, Zwei Gefangene. 1000.
Hildebrand, Die Familie Regge. 648.
Hillern, Augen der Liebe. 1061.

Hoffmann, Meister Martin. 52.
— Kater Murr. 153—156.
— Der Sandmann. 230.
— Klein Zaches. 306.
Holberg, Polit. Kannengießer. 198.
Hölderlin, Gedichte. 510.
— Hyperion. 559. 560.
Hölty, Gedichte. 439.
Homer, Jlias. 251—253.
— Odyssee. 281—283.
— Froschmäusekrieg. 873.
Horaz' Werke. 431. 432.
Houwald, Das Bild. 739.
— Die Heimkehr. 758.
— Der Leuchtthurm. 717.
Hufeland, Makrobiotik. 481—484.
Hugo, Victor, Hernani. 1093.
— Der König amusirt sich. 729.
Humbold, Aeschylos' Agamemnon. 508.
Hunt, Leigh, Liebesmähr v. Rimini.
 Deutsch von Meerheimb. 1012.
Hutt, Das war ich. 424.
James, Eugen Pickering. 1058.
Jantsch, Ein Excommunicirter. 566.
— Kaiser Josef II. u. die Schusterstochter. 524.
Jbsen, Stützen der Gesellschaft. 958.
Jean Paul, Flegeljahre. 77—80.
— Hesperus. 321—326.
— Jubelsenior. 457. 458.
— Kampaner Thal. 36.
— Dr. Katzenberger. 18. 19.
— Der Komet. 221—224.
— Levana. 372—374.
— Quintus Fixlein. 164. 165.
— Schmelzle's Reise. 193.
— Schulmeisterlein Wuz. 119.
— Siebenkäs. 274—277.
Jerrold, Frau Kaudels Gardinenpredigten. 388. 389.
Jffland, Die Hagestolzen. 171.
— Die Jäger. 20.
— Der Spieler. 106.
Jmmermann, Alexis. 494. 495.
— Andreas Hofer. 260.
— Carneval u. Somnambille. 395.
— Epigonen. 343—347.
— Die schelmische Gräfin. 444.
— Merlin. 599.
— Münchhausen. 265—270.
— Der neue Pygmalion. 337.
— Tristan und Jsolde. 911—913.
— Tulifäntchen. 500.

Joël's Kochbuch.
Jókai, Auf der
— Ein Goldm
— Traurige T
— Die golden
 bürgen. 5
Jósika, Abafi. 11
Jrving, Skizzen
Julius, Wie zwei
Jünger, Er men
— Die Entfüh
Jung = Stilling
 663—667.
Kant, Kritik b
 Herausgeg. v.
— Kritik der
 Herausg. v. K
— Kritik der
 gegeb. v. K.
— Von d. Mach
Kästner, Sinnge
Kellner, Heliot
 bragoner.
Kleist, E. Chr. v.
Kleist, H., Die H
— Käthchen vo
— Der zerbroch
— Michael Koh
— Prinz vom
— Verlobung
— Der Fi
Klinger, Raphael
— Sturm und
— Die Zwillin
Klopstock, Messia
Knigge, Reise na
— Ueber den U
 1138—114
Knorz, Gedichte.
Körner, Erzählu
— Der grüne
 Gouvernan
— Hedwig. 68.
— Leyer und S
— Der Nachtw
— Der Vetter
 vierjährige
— Rosamunde.
— Toni. 157.
— Zrinÿ. 166.
Kortum, Die Jo
Korzeniowski, S
Kosegarten, Juc

Kotzebue, Der Abbé de l'Epée. 1020.
— Der arme Poet. — Ausbruch der Verzweiflung. 189.
— Bayard. 127.
— Blind geladen. — Rosen des Herrn von Malesherbes. 668.
— Deutsche Kleinstädter. 90.
— Der Freimaurer. — Der Verschwiegene wider Willen. 341.
— Die respectable Gesellschaft. — Die eifersüchtige Frau. 261.
— Die beiden Klingsberg. 310.
— Der gerade Weg der beste. 146.
— Menschenhaß und Reue. 102.
— Pachter Feldkümmel. 212.
— Pagenstreiche. 375.
— Posthaus in Treuenbrietzen. 890.
— Der Rehbock. 23.
— Schneider Fips. 132.
— Die Stricknadeln. 115.
— U. A. w. g. 199.
— Der Vielwisser. 585.
— Der Wirrwarr. 163.
— Der häusliche Zwist. 479.
— Die Zerstreuten. — Landhaus an der Heerstraße. 232.
Krasżewski, Jermola. 845. 846.
— Morituri. 1086—1090.
Krummacher, Parabeln. 841—843.
Landsteiner, Erwin. 766.
Laube, Demimonde-Heirath. 1126.
— Marmorherzen. 1096.
— Mitten in der Nacht. 525.
— Eine weint, die Andre lacht. 580.
— Der Hauptmann von der Schaarwache. 1026.
Lavater, Worte des Herzens. 350.
Lebrün, Nummer 777. 604.
— Humoristische Studien. 646.
Leisewitz, Julius von Tarent. 111.
Lenz, Militärische Humoreskeu. 710. 728. 795. 850. 897.
Lembert, Ehrgeiz in der Küche. 547.
— Sie ist wahnsinnig. 748.
Lermontoff, Ein Held unsrer Zeit. 968. 969.

Lessing, Miß Sara Sampson. 16.
— Nathan der Weise. 3.
Lindau, Die arme Löwin. 1104.
Lindner, Geschichten und Gestalten. 861—863.
Logau, Sinngedichte. 706.
Longfellow, Evangeline. 387.
— Gedichte. 328.
— Hiawatha. 339. 340.
— Der spanische Student. 415.
— Miles Standish. 540.
Lorm, Die Alten u. die Jungen. 617.
— Gabriel Solmar. 732—735.
Lope de Vega, Die Sklavin ihres Geliebten. 727.
Lucian, Ausgew.Schriften.1047.1133.
Macaulay, Milton. 1095.
Maffei, Merope. 351.
Mahlmann, Gedichte. 573.
— Herodes. 304.
Marlowe, Doctor Faustus. 1128.
De Maistre, Die Reise um mein Zimmer. 640.
— Die Gefangenen im Kaukasus.
— Der Aussätzige v.-Aosta. 880.
Malczewski, Maria. 584.
Malliß, Der alte Student. 632.
Manzoni, Die Verlobten. 471—476.
Marbach, O., Papst und König. 608.
Marbach, H., Timoleon. 860.
Mark Twain, Skizzen. 1019. 1079.
Marryat, Die drei Kutter. 848.
Marx, Jacobäa von Bayern. 158.
— Olympias. 231.
Mastropasqua, Martin Luther. 970.
Matthisson, Gedichte. 140.
Meerheimb, Leigh Hunt's Liebesmähr von Rimini. 1012.
Meilhac, Der Attaché. 440.
Mels Heines „Junge Leiden". 662.
Mendelssohn, Phädon. 335.
Mengs, Schönheit und Geschmack in der Malerei. 627.
Meyern, Die Cavaliere. 492.
— Das Ehrenwort. 421.
— Die Malteser. 749.

Molière, Liebeszwist. 205.
— Der Misanthrop. 394.
— Plagegeister. 288.
— Schule der Ehemänner. 238.
— Die Schule der Frauen. 588.
— Tartüffe. 74.
Moore, Irische Melodien. 503.
Moreto, Donna Diana. 29.
Moritz, Götterlehre. 1081—1084.
Morus, Utopia. 513. 514.
Möser, Patriot. Phantasien. 683. 684.
Müller, Siegfr. v. Lindenberg. 206-209.
Müllner, Die Albaneserin. 365.
— Der 29. Februar. — Die Zurückkunft aus Surinam. 407.
— Der Kaliber. 34.
— Die großen Kinder. 167.
— Die Onkelei. — Der Blitz. 331.
— Die Schuld. 6.
— Die Vertrauten. 97.
— König Yngurd. 284.
— Die Zweiflerin — Der angolische Kater. 429.
Murad Efendi, Selim III. 657.
Murger, Aus der komischen Oper. 426.
Musäus, Rolands Knappen. 176.
— Legenden von Rübezahl. 254.
— Stumme Liebe. 589.
Musset, Eine Caprice. 626.
— Die Launen einer Frau. 767.
— Wovon die jungen Mädchen träumen. 682.
— Zwischen Thür und Angel. 417.
Mylius, Das Glasmännchen. 418.
— Graveneck. 366. 367.
— Frau Oekonomierath. 257. 258.
— Türken vor Wien. 213. 214.
Nibelungenlied. 642—645.
Nissel, Die Florentiner. 1057.
Nodier, Das letzte Bankett der Girondisten. 707.
— Jugenderinnerungen. 675. 676.
Nohl, Mozart. 1121.
Opitz, Gedichte. 361.
Ortnit. Deutsch von Pannier. 971.
Ossian, Fingal. 168.
Ovid, Verwandlungen. 356. 357.
Paludan-Müller, Liebe am Hofe. 327.
Pauli, Schimpf und Ernst. 945. 946.
Pellico, Francesca von Rimini. 380.
— Meine Gefängnisse. 409. 410.
Pestalozzi, Wie Gertrud ihre Kinder lehrt. 991. 992.

Pestalozzi, Lienhard und Gertrud. 434—437.
Petöfi, Der Strick des Henkers. 777.
Petrarca, Sonette. 886. 887.
Pfeffel, Poetische Werke. 807—810.
Platen, Die Abassiden. 478.
— Die verhängnißvolle Gabel. 118.
— Gedichte. 291. 292.
— Schatz des Rhampsinit. 183.
Platon, Apologie und Kriton. 895.
— Gastmahl. 927.
— Phädon. 979.
Ponsard, Lucretia. 558.
Pope, Der Lockenraub. — Epistel an eine Dame. 529.
Prevost, Manon Lescaut. 937. 938.
Pusendorf, Die Verfassung des deutschen Reiches. 966.
Puschkin, Onegin. 427. 428.
— Gefangene im Kaukasus. 386.
Racine, Andromache. 1137.
— Athalia. 385.
— Bajazet. 839.
— Esther. 789.
Raimund, Alpenkönig. 180.
— Der Barometermacher. 805.
— Bauer als Millionär. 120.
— Diamant des Geisterkönigs. 330.
— Der Verschwender. 49.
Randolf, Buch III. Kapitel I. 939.
— Er muß auf's Land. 349.
— Feuer in der Mädchenschule. 898.
— Ich esse bei meiner Mutter. 847.
— Wenn Frauen weinen. 249.
— Man sucht einen Erzieher. 655.
— Die Memoiren des Teufels. 930.
— Eine Partie Piquet. 319.
— Dr. Robin. 278.
— Sand in die Augen! 987.
— Ein bengalischer Tiger. 298.
Rank, Das Birken-Gräflein. — Muckerl, der Taubennarr. 1077.
Rauscher, In der Hängematte. 470.
Reclam, Gesundheits-Schlüssel. 1001.
Riehl, Die 14 Nothhelfer. 500.
— Burg Neideck. 811.
De la Rochefoucauld, Maximen. 678.
Rollet, Erzählende Dichtungen. 412.
Rosengarten. Dtsch. v. Junghans. 760.
Rousseau, Emil. 901—908.
Rudolf, Vater auf Kündigung. 501.
Rumohr, Der letzte Savello. 598.
Runeberg, Könige auf Salamis. 688.

(Verlag von Philipp Reclam jun. in Leipzig.)

Rüben, Muhamed. 48.
— Jacob Molay. 133.
Rzewuski, Soplita. 701—704.
Saint=Evremond, Die Gelehrten=
 Republik. 256.
St. Pierre, Paul und Virginie. 309.
Salis, Gedichte. 368.
Sallet, Gedichte. 551—553.
— Contraste u. Paradoxen. 574-576.
— Laien=Evangelium. 497—499.
Sallust, Jugurthinische Krieg. 948.
— Verschwörung Catilina's. 889.
Sand, Georges, Indiana. 1022-1024.
— Victorine's Hochzeit. 1101.
Sandeau, Fräulein v. Seiglière. 660.
Sardou, Der letzte Brief. 606.
— Die Familie Benoiton. 689.
— Die guten Freunde. 708.
— Die alten Junggesellen. 936.
— Unsere guten Landleute. 1007.
Schall, Trau, schau, wem. 177.
Schaufert, Schach dem König. 401.
Schenk, Belisar. 405.
Schenkendorf, Gedichte. 377—379.
Schiller, Braut von Messina. 60.
— Don Carlos. 38.
— Fiesco. 51.
— Der Geisterseher. 70.
— Jungfrau von Orleans. 47.
— Kabale und Liebe. 33.
— Macbeth. 149.
— Maria Stuart. 64.
— Der Neffe als Onkel. 84.
— Der Parasit. 99.
— Phädra. 54.
— Die Räuber. 15.
— Räuber. (Bühnenausgabe.) 878.
— Turandot. 92.
— Wilhelm Tell. 12.
— Wallenstein, 1. u. 2. Theil. 41. 42.
Schlegel, Lucinde. 320.
Schleiermacher, Monologen. 502.
— Die Weihnachtsfeier. 587.
v. Schmid, Die Z'widerwurz'n. 1021.
Schopenhauer, Die Tante. 233—236.
Schröder, A., Der Lügner u. sein Sohn.

Schröder, Der Ring. 285.
Schubert, Der Bauernkrieg. 237.
— Der Sieg des Lichtes. 647.
Schücking, Die drei Freier. 548.
— Mündel des Papstes. 1116.
Schulze, Die bezauberte Rose. 239.
Schuster, Perpetua. 731.
Schütz, Systematisch. 313.
— Wilhelm der Eroberer. 336.
Scott, Der Herr der Inseln. 116.
— Ivanhoe. 831—834.
— Jungfrau vom See. 866. 867.
— Kenilworth. 921—924.
— Quentin Durward. 1106—1110.
Scribe, Adrienne Lecouvreur. 485.
— Der Damenkrieg. 537.
— Der Diplomat. 597.
— Feenhände. 639.
— Märch. b. Königin v. Navarra. 419.
— Mein Stern. 1056.
— Minister u. Seidenhändler. 1048.
— Das Glas Wasser. 145.
— Der Weg durch's Fenster. 477.
Sessa, Unser Verkehr. 129.
Seume, Mein Leben. 1060.
— Spaziergang. 186—188.
Shakspere, Antonius u. Cleopatra. 39.
— Julius Cäsar. 9.
— Coriolan. 69.
— Cymbeline. 225.
— Die Edeln v. Verona. 66.
— Eduard der Dritte. 685.
— Ende gut, Alles gut. 896.
— Hamlet. 31.
— Heinrich IV. 2 Theile. 81. 82.
— Heinrich V. 89.
— Heinrich VI. 3 Theile. 56—58.
— Heinrich VIII. 94.
— König Johann. 138.
— Der Kaufmann von Venedig. 35.
— Komödie der Irrungen. 273.
— König Lear. 13.
— Macbeth. 17.
— Maß für Maß. 196.
— Othello. 21.
— Pericles. 170.

Shakspere, Titus Andronicus. 869.
— Troilus und Cressida. 818.
— Verlorne Liebes-Müh'. 756.
— Viel Lärm um Nichts. 98.
— Was Ihr wollt. 53.
— Wie es euch gefällt. 469.
— Wintermährchen. 152.
— Die lustigen Weiber. 50.
Shelley, Feenkönigin. 1114.
Sheridan, Die Lästerschule. 449.
— Die Nebenbuhler. 680.
Siemienski, Erzählungen. 918. 919.
Silberstein, Trutz-Nachtigal. 263.
Straubin, Vier Uhr Morgens. 504.
Sophokles, Aias. 677.
— Antigone. 659.
— Elektra. 711.
— König Oedipus. 630.
— Oedipus in Kolonos. 641.
— Philoktetes. 709.
— Trachinierinnen. 670.
Souvestre, Der Fabrikant. 978.
— Ein Philosoph in der Dachstube. 769. 770.
Staël, Corinna oder Italien. 1064—1068.
Stagnelius, Blenda. 623—625.
Steigentesch, Zeichen der Ehe. 215.
Stern, Auf fremder Erde. 1129.
Sterne, Empfindsame Reise. 169.
Strachwitz, Gedichte. 1009. 1010.
Stralosch, Wer hat gewonnen? 920.
Stricker, Der, Pfaffe Ameis. 658.
Strodtmann, Gedichte. 1102. 1103.
Swift, Gulliver's Reisen. 651—654.
Tacitus, Leben des Agricola. 836.
— Germania. 726.
Tannenhofer, Frau Kaffeesiederin. 489.
— Sonnenaufgang. 793.
— D. erste Weihnachtsgeschenk. 1094.
Tasso, Befreites Jerusalem. 445—448.
Tegnér, Die Abendmahlskinder. 538.
— Axel. 747.
— Frithjofs-Sage. 422. 423.
Tennyson, Enoch Arden. 490.
Theophrast, Charakterbilder. 619.
Tiedge, Urania. 390.
Töpffer, Die Bibliothek meines Onkels. 505. 506.
Toepfer, Bube und Dame. 181.
— Der beste Ton. 844.
— Die Einfalt vom Lande. 838.
— Rosenmüller und Finke. 813.

Tschabuschnigg, Nach der Sonnenwende. 812.
Turgenjeff, Eine Unglückliche. 468.
— Frühlingswogen. 871. 872.
— Ein König Lear der Steppe. 801.
— Punin und Baburin. 672.
— Väter und Söhne. 718—720.
Usteri, De Vikari. 609. 610.
V. d. Velde, Liebhabertheater. 112.
— Die Lichtensteiner. 1115.
— Arweb Gyllenstierna. 218. 219.
Virgils Aeneis. Von Voß. 461. 462.
— Ländl. Gedichte. Von Voß. 638.
Voltaire, Henriade. 507.
— Geschichte Karls XII. 714—716.
— Zaire. 519.
Voß, Luise. 72.
Waldmüller, Brunhild. 511.
— Walpra. 496.
Walther v. d. Vogelweide, Sämmtl. Gedichte. 819. 820.
Wall, Amathonte. 454.
— Die beiden Billets. 123.
Wehl, Alter schützt vor Thorheit nicht. 1105.
Weilen, Der neue Achilles. 396.
— Graf Horn. 311.
— Heinrich von der Aue. 570.
Weißflog, Das große Loos. 312.
Werner, Der 24. Februar. 107.
— Martin Luther. 210.
Wichert, Biegen oder brechen. 520.
— Die Fabrik zu Niederbronn. 569.
— Die gnädige Frau v. Paretz. 1070.
— Die Frau für die Welt. 736.
— Für todt erklärt. 1117.
— An der Majorsecke. 690.
— Der Narr des Glücks. 746.
— Die Realisten. 539.
— Ein Schritt vom Wege. 730.
— Die Stimme der Natur. 925.
— Als Verlobte empfehlen sich — 650.
Wickede, Amerikan. Novelletten. 909.
Wieland, Abderiten. 332—334.
— Musarion. 95.
— Oberon. 124. 125.
— Der goldne Spiegel. 613—616.
Wolff, Der Kammerdiener. 240.
— Preciosa. 130.
Zacharia, Der Renommist. 307.
Zalesti, Die heilige Familie. 1118.
Zárate, Guzmann der Treue. 556.

(Verlag von Philipp Reclam jun. in Leipzig.)

, 150. | Zschokke, Der todte Gast. 370.
t. 442. 443. | — Jonathan Frock. 518.
n Namur. 910. | — Die Neujahrsnacht. 404.

gaben in eleganten Ganzleinenbänden.

	Pf.		Pf.
ntl. Dra=		Byron, Der Korsar	60
	1 50	—, Manfred	60
buch ohne		Calderon, Leben ein Traum	60
	60	Cervantes, Don Quijote	2 50
visator	1 20	Chamisso, Gedichte	1 20
ger	1 20	—, Peter Schlemihl	60
Märchen	2 50	Chateaubriand, Atala. —	
	1 00	René. — Abencerrage	80
hichte des		Cooper, Der letzte Mohikan	1 00
gs	1 20	—, Der Spion	1 00
kel Tom's		Cremer, Holländ. Novellen	1 50
	1 50	Dante, Göttl. Komödie	1 50
c	80	Dickens, Heimchen am Herde	60
yrik	1 50	—, Der Kampf des Lebens	60
Goldschn.	2 00	—, Pickwickier. 2 Leinenbde.	2 00
s	80	—, Oliver Twist	1 20
Skizzen	1 00	—, Zwei Städte	1 20
iss	80	—, Die Sylvester-Glocken	60
hbarn	1 20	—, Der Weihnachtsabend	60
rnische Er=		Eberhard, Hanchen und die	
	1 20	Küchlein	60
ner Mine	80	Edda. Deutsch v. Wolzogen	1 20
roy	1 50	Eötvös, Der Dorfnotar	1 50
lossom	60	Fichte, Reden an die deutsche	
	1 50	Nation	80
	1 50	Fouqué, Undine	60
	1 50	Freidanks Bescheidenheit	80
	1 00	Gaudy, Schneidergesell	60
t	60	—, Venetianische Novellen	1 00
Balladen	60	Geijer, Gedichte	60
	60	Gellert, Fabeln und Er=	
ngene von		zählungen	80
Mazeppa	60	—, Oden und Lieder	60
	60	Goethe, Faust. 2 Thle. in 1 Bd.	80
(b	80	—, — Mit Goldschn.	1 00

ag von Philipp Reclam jun. in Leipzig.)

	Pf.
Goethe, Gedichte. Goldſchn.	1 20
—, Hermann u. Dorothea	60
—, Dramat. Meiſterwerke. (Götz v. Berlichingen. Egmont. Iphigenie auf Tauris. Torquato Taſſo)	1 00
—, Reineke Fuchs	60
—, Werthers Leiden	60
Goethe-Schillers Xenien	80
Goldſmith, Der Landprediger von Wakefield	80
Gottſchall, Roſe v. Kaukaſus	60
Grimmelshauſen, Der abenteuerliche Simpliciſſimus	1 50
Gudrun. Dtſch. v. Junghans	80
Hamm, Wilhelm, Gedichte	60
Hauff, Die Bettlerin	60
—, Lichtenſtein	1 00
—, Mann im Monde	80
—, Memoiren d. Satan	1 00
—, Märchen	1 00
—, Phantaſien im Bremer Rathskeller	60
Hebel, Alem. Gedichte	60
—, Schatzkäſtlein	80
Herder, Der Cid	60
Hermannsthal, Ghaſelen	60
Hertz, René's Tochter	60
Heyſe, Paul, Zwei Gefangene	60
Hoffmann, Kater Murr	1 20
—, Elixire des Teufels	1 00
—, Klein Zaches	60
Hölderlin, Gedichte	60
Hölty, Gedichte	60
Homers Werke. Von Voß	1 50
Horaz Werke. Von Voß	80
Hufeland, Makrobiotik	1 20
Hunt, Leigh, Liebesmähr v. Rimini. Dtſch.v.Meerheimb	60
Jean Paul, Flegeljahre	1 20
—, Jubelſenior	80

Jean Paul, Dr. K
—, Hesperus. 2
—, Der Komet
—, Levana . . .
—, Quintus F
—, Siebenkäs .
Jerrold, Frau Ka binenpredigter
Immermann, E
—, Tulifäntchen
—, Münchhauſe
—, Triſtan un
Joël's Kochbuch
Jókai, Ein G
Irving, Skizzen
Jung-Stillings ſchichte . . . .
Kant, Kritik d. Urt
—, Kritik d. prak
—, Kritik d. reiner
—, Macht des
Kleiſt, E. Chr.
Klopſtock, Meſſia
Knigge, Ueber d mit Menſchen
Körner, Leyer u
Kortum, Die Jo
Koſegarten, Juc
Krummacher, P
Lavater, Worte
Leſſing, Dram.M (Nathan der Wei lotti. Minna vo
—, Laokoon . .
Longfellow, Eva
—, Gedichte . .
—, Hiawatha .
—, Miles Sta
Mahlmann, Ge
Manzoni, Die
Matthiſſon, Ged

(Verlag von Philipp Reclam jun. in Leipz

	Pf.
Meerheimb, Leigh Hunt's Liebesmähr von Rimini	60
Mendelssohn, Phädon	60
Mickiewicz, Balladen	60
Moore, Irische Melodien	60
Moreto, Donna Diana	60
Moritz, Götterlehre	1 20
Möser, Patriot. Phantasien	80
Müllner, Dramat. Werke	1 50
Nibelungenlied	1 20
Ovid, Verwandlungen	80
Pauli, Schimpf und Ernst	80
Pestalozzi, Wie Gertrud ihre Kinder lehrt	80
—, Lienhard u. Gertrud	1 20
Petrarca, Sonette	80
Pfeffel, Poetische Werke	1 20
Platen, Gedichte	80
Puschkin, Onegin	80
—, Gefangene im Kaukasus	60
Reclam, Gesundheitsschlüssel	60
Riehl, Die 14 Nothhelfer	60
—, Burg Neideck	60
Rousseau, Emil	2 25
St. Pierre, Paul u. Virginie	60
Salis, Gedichte	60
Sallet, Laien-Evangelium	1 00
—, Gedichte	1 00
Schenkendorf, Gedichte	1 00
Schiller, Don Carlos	60
—, Jungfrau v. Orleans	60
—, Gedichte. Halbleinwbb.	60
—, — Mit Goldschn.	1 00
—, Maria Stuart	60
—, Tell	60
—, Wallenstein	80
Schulze, Die bezauberte Rose	60

	Pf.
Schleiermacher, Monologen	60
—, Die Weihnachtsfeier	60
Scott, Ivanhoe	1 20
—, Jungfrau vom See	80
—, Kenilworth	1 20
—, Quentin Durward	1 50
Seume, Spaziergang	1 00
Shelley, Feenkönigin	60
Silberstein, Trutz-Nachtigal	60
Sophokles, sämmtl. Dramen	1 50
Staël, Corinna ob. Italien	1 50
Sterne, Empfindsame Reise	60
Strodtmann, Gedichte. Höchst eleg. mit Goldschnitt geb.	1 20
Strachwitz, Gedichte	80
Swift, Gulliver's Reisen	1 20
Tasso, Befreites Jerusalem	1 20
Tegnér, Abendmahlskinder	60
—, Axel	60
—, Frithjofs-Sage	80
Tennyson, Enoch Arden	60
Tiedge, Urania	60
Tschabuschnigg, Nach der Sonnenwende	60
Usteri, De Vikari	80
Virgils Aeneis. Von Voß	80
—, Ländliche Gedichte	60
Voß, Luise	60
Walther von der Vogelweide, Sämmtliche Gedichte	80
Waldmüller, Walpra	60
Wichert, Die gnädige Frau v. Paretz. Mit Goldschn.	2 00
Wieland, Abderiten	1 00
—, Oberon	80
Zaleski, Die heilige Familie	60
Zschokke, Alamontabe	80

(Verlag von Philipp Reclam jun. in Leipzig.)